Treino de Cães e Educação de Cães

Luis Silva

Conteúdo

Introdutório   1

Conhecimentos gerais sobre Treino de cães   3
Educação ou formação?   3
Educação - O comportamento do cão na vida quotidiana   4
    Cães de caça   5
    Cães de pastoreio   6
    Cães de guarda   7
    Cães sociais   7
    Greyhounds   8
    "Cães de combate"   8
Formação - Ensinar comandos   10
Relação entre homem e cão   11

Noções básicas de diferentes Formas de aprendizagem   14
Acondicionamento   17
    Condicionamento clássico   18
    Condicionamento do operador   20
Habituação   22
Sensibilização   24
Formação sobre imitação   24

Compreender a linguagem canina   25
Conhecimentos básicos de formação de cachorros   26
    As primeiras semanas   27
    Linguagem corporal: Compreender a linguagem do cão   29
    O que é que o seu cão lhe quer dizer?   29
    Comunicação do humano com o cão   33
    E como é que o seu cão fala consigo?   35

Comportamento expressivo do cão   36
Os gestos e expressões faciais do cachorro   37
Medo   40

Agressão	41
Domínio	41
Submissão	42
Afecto	43
Rejeição	44
Tédio	44
O alaúde	45
Os sinais de cheiro	46
Acessórios de Educação e Formação	**48**
Como se pode preparar para o cachorro em casa?	48
Colarinho ou arnês de peito?	51
Qual é a melhor trela?	52
Caixa, cesto ou dormir na cama?	55
Assobio e clicker	56
Brinquedo	57
Roupa para o cão?	61
Características especiais em Formação de cachorros	**64**
Requisitos para o cachorro	65
As primeiras semanas e meses	68
As fases de desenvolvimento dos cachorros	70
As primeiras lições	73
Formado em casa	73
Manuseamento de trela	75
Sozinho em casa	76
Os primeiros comandos	79
Grupos de brincadeiras de cachorros	85
Edições	**88**
O cachorrinho na puberdade	89
Agressão de trela	95
O comportamento natural da caça	97
Comportamento territorial	101
Inveja alimentar para com os humanos e os cães	103

Controlo de impulsos em cães	105
Erros comportamentais ao lidar com cães	109
Contacto visual frontal	110
Abordar directamente o cão	111
Fugir do cão	111
Intimidação por agressão	112
Inclinando-se sobre o cão	112
Levantem as mãos	113
Interpretações erradas comuns na linguagem canina	113
"Um cão que abana a sua cauda está sempre feliz".	113
"Quando um cão rosna, é agressivo".	114
"O meu cão ignora-me para me provocar".	114
"O meu cão fica realmente envergonhado quando eu o repreendo!"	115
"Snarling é um sinal de agressão".	116
Palavras de encerramento	**116**
Sobre esta série: O meu cão para a vida	118
Fontes	**119**

Introdutório

Decidiram ler sobre o tema do treino de cães. Isto significa que provavelmente está a brincar com a ideia de arranjar um cão. Este é um grande passo em frente, porque os cães podem enriquecer a vida como quase nada mais. No entanto, há algumas coisas a considerar previamente, porque um cão significa não só alegria, mas também muita responsabilidade e trabalho. Os donos inexperientes de cães podem pensar que o trabalho de ter um cão consiste principalmente em passeá-lo e alimentá-lo. Mas não é este o caso. Na verdade, é o treino do cão que normalmente requer mais esforço. Mesmo que não tenha qualquer experiência no treino de cães, este livro ajudá-lo-á a lançar bases importantes. Começa com informação básica sobre treino de cães e como funciona a relação entre homem e cão. Uma relação amorosa é essencial, tal como uma formação que regula e torna a vida em conjunto agradável. Pense cuidadosamente sobre que raça de cão lhe convém e o seu estilo de vida. As características especiais listadas de raças individuais podem certamente ajudá-lo nisto. No segundo capítulo, há uma visão multi-facetada de diferentes formas de aprendizagem. No final, pode decidir individualmente que forma de aprendizagem é adequada para si e para o seu cão. É melhor experimentar diferentes formas de aprendizagem antes de se comprometer.

Tal como as crianças precisam de uma mochila escolar, também pode haver acessórios de aprendizagem úteis para cães. Encontrará exemplos destes e de como os utilizar no terceiro capítulo. É claro que a vida de um cão também deve incluir muita diversão e brincadeira. Criar variedade com diferentes tipos de jogos e brinquedos. Se estiver a pensar em ter um cachorro em vez de um cão adulto, deve ler cuidadosamente o quarto capítulo, porque o treino dos cachorros é diferente do dos cães adultos. Os cachorros têm necessidades especiais e requerem muita atenção e cuidado nos primeiros meses. Não compre um cachorro só porque o acha giro, mas tome tal decisão sabendo que um cachorro não é só muito divertido, mas também muito trabalho.

Se já tem um cão e está interessado no tema do treino porque o cão mostra um certo mau comportamento, o quinto capítulo pode ajudá-lo. Descreve alguns problemas típicos que podem ocorrer quando se vive com um cão. A maioria dos problemas baseia-se em simples mal-entendidos na comunicação entre humanos e cães. Aprenda a compreender a linguagem dos cães, isto irá ajudá-lo a eliminar tais mal-entendidos.

A leitura deste livro prepara-o de forma abrangente para o seu primeiro cão e fornece conhecimentos básicos sobre os temas mais importantes relacionados com a coexistência de humanos e cães.

Conhecimentos gerais sobre Treino de cães

Capítulo são descritos os primeiros conceitos básicos do treino de cães. É de notar que existem diferenças entre criar e treinar um cão, que todos os donos devem conhecer. Um bom treino só é bem sucedido se construir uma ligação com o seu cão, e é por isso que a relação entre homem e cão também é abordada.

EDUCAÇÃO OU FORMAÇÃO?

Os termos "educação" e "treino" são frequentemente misturados ou confundidos um com o outro quando se lida com cães. Isto pode levar a mal-entendidos e conflitos, razão pela qual ambos os termos são aqui explicados separadamente. Conhecer as diferenças entre educação e treino não só é útil em conversas com outros donos de cães ou com treinadores de cães, mas também na sua interacção diária com o seu cão.

Basicamente, a educação e treino dos cães pode ser comparada com a das crianças. A criança recebe educação principalmente dos seus pais e garante que aprende boas maneiras e um comportamento social apropriado. A educação, por outro lado, tem lugar na escola, por exemplo, onde a criança aprende a calcular, ler e escrever. Uma criança que recebe notas máximas em matemática mas que é sempre pouco amistosa com outras pessoas, tem uma boa educação mas uma má educação. Por outro lado, uma criança que tem sempre o cuidado de tratar bem os seus semelhantes, mas que tem sérias dificuldades na escola, tem uma boa educação, mas uma educação deficiente. É claro que os cães não são crianças e não devem ser considerados como tal, mas esta comparação ainda pode ser útil para compreender as diferenças entre educação e treino.

EDUCAÇÃO - O COMPORTAMENTO DO CÃO NA VIDA QUOTIDIANA

O treino de cães consiste em fazer o cão compreender que tipo de comportamento se espera dele quando vivem juntos. O cão deve exibir estes comportamentos por sua própria iniciativa e não apenas quando lhe é pedido para o fazer. O treino é geralmente necessário quando o comportamento instintivo do cão tem uma influência negativa na vida em conjunto e é, portanto, necessário trabalhar especificamente contra estes instintos.

Muitas raças de cães foram criadas para um comportamento específico. O objectivo destas raças era adaptar o cão a uma tarefa que devia cumprir para os humanos. Só mais tarde se desenvolveu a tendência actual de manter os cães puramente como animais de estimação que devem caber na vida familiar. No entanto, isto não faz desaparecer o comportamento consanguíneo e se o cão não for ensinado de outra forma, comportar-se-á de acordo com a sua natureza. No entanto, um comportamento que era originalmente desejado e especificamente trabalhado pode ser visto como bastante negativo na vida familiar quotidiana. Se está a planear obter um cão com pedigree, deve informar-se definitivamente sobre a história da raça e tomar consciência dos problemas que podem ocorrer ao lidar com esta raça. Não veja fundamentalmente este comportamento como algo problemático, mas aceite-o como algo que faz parte do seu cão. Não tente forçar uma vida ao cão que seja completamente contra a sua natureza. É possível deixar o cão agir os seus instintos integrando, por exemplo, certos jogos na vida quotidiana nos quais lhe é permitido satisfazer as suas necessidades. Isto não só é bom para o seu cão, como tem um efeito geralmente positivo na convivência e na relação entre si e o cão.

Seguem-se alguns exemplos de raças que foram criadas para terem determinados comportamentos.

Cães de caça

A criação de cães de caça tem uma longa tradição e tem produzido uma variedade de raças, que por sua vez foram criadas para técnicas específicas.

Os cães de corrida têm o melhor olfacto entre todas as raças de cães e usam a sua voz para comunicar com o caçador. Isto pode ser visto como perturbador na vida familiar quotidiana. Os cães de corrida incluem os Beagles e os Bloodhounds.

Os cães apontadores são assim chamados porque quando querem chamar a atenção do caçador para uma presa, seguram uma pata dianteira. Os colonos, Münsterlanders e Pointers pertencem a este grupo.

Os cães recuperadores têm a tarefa de recolher a presa depois de um caçador a ter abatido. Estes incluem recuperadores, Labradors e alguns poodles.

Os cães de resgate são excelentes batedores. Estes incluem codornizes e spaniels, por exemplo.

É verdade para todas as raças de cães de caça que elas têm naturalmente um forte instinto de caça. Isto é especialmente relevante quando se leva o cão de caça a passear, porque de vez em quando ele fica exposto a um estímulo que activa o seu instinto de caça. Se mantiver o seu cão de caça como animal de estimação e não quiser ir caçar com ele, é importante ensinar ao cão que ele não está autorizado a agir com o seu instinto de caça em todas as situações. Em vez disso, deve aprender que existem tempos especiais de jogo em que pode satisfazer esta necessidade. Os cães de caça são também muito independentes e não tendem a desenvolver ansiedade de separação. A desvantagem disto é que pode acontecer que um cão de caça fuja por si mesmo e fuja. Este comportamento requer também formação ao ar livre. Certifique-se de que o seu cão pode ser chamado e de que o exercita suficientemente.

Cães de pastoreio

Os cães de pastoreio são cães que são utilizados para guardar os rebanhos e manejá-los juntamente com o pastor. Comunicam com o pastor e sabem como implementar estratégias complicadas para controlar os rebanhos. Como resultado, os cães de pastoreio são caracterizados, entre outras coisas, por um nível extremamente elevado de inteligência. Como dono deve fazer justiça a isto e oferecer ao cão estímulo mental suficiente. Se um cão de pastoreio for constantemente subdesafiado, começará quase certamente a desenvolver um comportamento negativo e a expressar a sua frustração por ser subdesafiado. Em termos de treino, é também importante estar ciente de que os cães de pastoreio, como o nome sugere, têm um forte instinto de pastoreio. Um cão de pastoreio é, portanto, muito susceptível de pastorear crianças pequenas, por exemplo. Isto também pode ser bastante positivo, dependendo de ser ou não desejado por si.

As raças típicas são os cães de ovelha, os corgies e os collies.

Os Border Collies são especiais porque esta raça é caracterizada por uma inteligência particularmente elevada e um comportamento único de pastoreio. Os Border Collies dirigem os rebanhos pelo seu olhar fixo. Em comunicação com outras raças de cães, este olhar pode ser interpretado como um desafio ou uma agressão.

Outra especialidade são os chamados cães de pastoreio, que foram criados especialmente para a condução de rebanhos. Estes incluem, por exemplo, o Australian Cattle Dog e o Bouvier des Flandres.

Cães de guarda

Os cães de guarda foram criados para guardar pessoas ou a maioria dos lugares. É da sua natureza ter a necessidade de controlar a situação e ser céptico em relação a estranhos. Tendem também a tentar assumir o comando se sentirem que não têm um líder claro. Se quiser ter um cão de guarda, deve, portanto, ter um cuidado especial no treino para ter uma linha clara com o cão e comportar-se claramente como o líder. O cão deve saber que está a controlar a situação, caso contrário pode torná-lo inseguro. O comportamento social também deve ser encorajado numa idade precoce, uma vez que o cepticismo natural em relação a estranhos não é um comportamento desejável para um cão doméstico. Habitue o seu cão a ter visitantes de estranhos desde cedo e certifique-se de que associa isto a experiências positivas. Um cão de guarda deve geralmente ter boa auto-confiança para evitar comportamentos temerosos.

Os cães de guarda incluem Rottweilers, Mastiffs e Hovawarts.

Cães sociais

Os cães de companhia foram criados para serem um companheiro de confiança para os seus donos. Caracterizam-se por um forte sentido de empatia, o que lhes permite ler os sentimentos do seu proprietário e proporcionar apoio emocional. No entanto, isto também os torna muito sensíveis a humores negativos e agressões, por isso deve ter o cuidado de ser tão empático para com um cão como eles.

O que muitas vezes leva a problemas de comportamento com estas raças é que elas estão muito ligadas ao seu dono. Isto pode levar à ansiedade de separação ou a um comportamento protector agressivo. Portanto, se tiver um cão social, certifique-se de o habituar a estar sozinho numa idade precoce e tenha uma mente aberta para com estranhos.

As raças que pertencem aos cães sociais são, por exemplo, Havanese, Maltese, Miniature Poodle, Shih Tzus e Pugs.

Greyhounds

Os galgos são uma forma especial de cães de caça que foram criados para atingir velocidades extremas ao correr. Uma vez que são cães de caça, deve prestar atenção a todas as características especiais dos cães de caça. Além disso, há o desejo pronunciado de mover-se destas raças, ao qual, como proprietário, deve fazer justiça.

Os Sighthounds incluem, por exemplo, o Irish Wolfhound, o Whippet e os Greyhounds.

"Cães de combate"

O controverso termo "cães de luta" abrange raças de cães que foram originalmente criadas para luta de cães. Entretanto, tais lutas foram proibidas e a reprodução afastou-se do comportamento agressivo. O que resta são características visuais, tais como uma construção de stock e uma mordida forte. Que raças de cães são classificadas como cães de combate varia de estado para estado. Esta classificação está dividida em três níveis. As raças de nível 0 são chamadas cães de combate, mas não aparecem em nenhuma outra lista especial. O nível 1 inclui raças que são classificadas como perigosas. A fim de manter uma raça de cão de nível 2, certos requisitos devem ser cumpridos, uma vez que estes também são considerados perigosos.

Embora a criação dos chamados cães de combate tenha deixado há muito de se concentrar no comportamento agressivo, e os cães que mostram agressividade sejam mesmo deliberadamente excluídos da criação, como dono de tal raça deve estar atento a um possível comportamento agressivo. Pode acontecer que um cão de combate ainda carregue a tendência para a agressão, mas isto pode ser contrabalançado com treino direccionado.

As raças de cães de combate bem conhecidas são o pit bull, o bull terrier e o Doberman.

Agora aprendeu alguns exemplos de comportamentos típicos de raças de cães individuais e o que procurar nestas raças. No entanto, é claro que também há comportamentos que são geralmente esperados de todos os cães domésticos e que devem ser ensinados em cada treino. Estas incluem o treino de alojamento, bem como "regras gerais de educação", ou seja, que o seu cão não deve saltar para cima de ninguém e não deve mendigar à mesa, por exemplo. Em contraste com a formação, a educação deve ser consistentemente integrada na vida quotidiana. Não podem ser feitas excepções, porque isso só confunde o cão e o impede de internalizar as regras estabelecidas.

FORMAÇÃO - ENSINAR COMANDOS

Durante o treino, treina o seu amigo de quatro patas para compreender e seguir certos comandos. Isto envolve uma comunicação directa entre si e o seu cão. O comportamento aprendido desta forma representa sempre uma reacção directa a um comando dado por si. Exemplos disto são os comandos clássicos "Sentar", "Para baixo" e "Vem cá", que são discutidos em mais pormenor no terceiro capítulo. Na formação, pode utilizar, entre outras coisas, as formas de aprendizagem mencionadas no capítulo 2.

Ao contrário da formação, que tem de ser feita o tempo todo e a todo o momento, há certos momentos de formação. Os tempos de treino não devem ser superiores a dez minutos, porque o tempo de atenção dos cães jovens, em particular, não é muito longo e o cão deve desfrutar do treino. Para os cachorros, um a dois minutos de tempo de treino é suficiente. Deve também assinalar claramente ao seu cão que está agora a ter lugar uma sessão de treino. Recompensá-lo com guloseimas saudáveis e ser paciente. Cada cão aprende ao seu próprio ritmo.

O treino de cães também pode ir mais longe e ensinar ao cão um trabalho real. Os cães podem ser treinados para serem cães de companhia, cães de terapia, cães da polícia, cães de resgate, cães de guarda, cães-guia, cães de busca e muito mais. Se lhe apetecer levar o treino do cão para além dos comandos básicos, tal treino de cão pode ser uma opção. Pode descobrir se isto é algo para si e para o seu cão, tomando a "licença de cão" ou "licença de trela". Especialmente nas grandes cidades, é fortemente recomendado que se faça este curso. Ensina o cão a andar de forma fiável com e sem trela e a mover-se em segurança em áreas públicas. É, por assim dizer, uma mini-treino.

Se verificar que o seu cão gosta de adquirir conhecimentos, então pode considerar qual o treino que pode ser adequado ao seu cão. Nem todas as raças são adequadas para todas as profissões de formação. Um cão-guia para cegos, por exemplo, tem de passar testes rigorosos para determinar o seu carácter e requisitos físicos antes de poder ser realmente utilizado. Um cão deste tipo tem por vezes muita responsabilidade e não deve cometer quaisquer erros no terreno, razão pela qual nem todos os cães são adequados. No entanto, existem também profissões de formação com requisitos menos rigorosos.

A formação e a educação também podem ser combinadas. Por exemplo, se não quiser que o seu cão persiga gatos, faz parte da sua educação aprender a não reagir a este estímulo e a não seguir o seu instinto. Além disso, pode ensinar ao seu cão um comando que o faz parar e virar a sua atenção para si. Desta forma, pode chamar o comando "Stop!" se o seu cão fizer uma tentativa de perseguir um gato, e assim evitar possíveis situações perigosas.

RELAÇÃO ENTRE HOMEM E CÃO

Se quer acolher um cão, é provavelmente porque espera ter um companheiro fiel para o acompanhar na sua vida. A base mais importante para uma convivência agradável com um cão é que se estabeleça uma boa relação entre homem e cão. Uma vez que isto é de tão grande relevância, todos os membros do agregado familiar devem concordar com a aquisição do cão e cooperar activamente para assegurar que a convivência é harmoniosa. Isto inclui também a aquisição dos conhecimentos necessários e um comportamento em conformidade.

Provavelmente, o erro mais comum que as pessoas cometem é não ver o cão como um cão. Não é certamente feito com más intenções e está por vezes na nossa natureza, mas não está a fazer nenhum favor a si próprio ou ao seu cão se o antropomorfosear. Os cães têm um entendimento muito diferente da maioria das coisas. Um cão não compreende quando uma regra é "excepcionalmente" anulada e recebe uma dentada na mesa de jantar.

Ao fazê-lo, cria-se uma confusão que afecta negativamente a sensação de segurança do cão e, no final, causa mais danos do que a breve alegria do deleite poderia compensar. É claro que o cão também não compreende as complicadas regras de cortesia da comunicação humana e não deve ser punido por isso. Isto também perturba o cão, porque para ele parece arbitrário e imprevisível.

Basicamente, deve sempre certificar-se de que está a fazer um grande favor ao seu cão se prevalecerem regras claras e estas forem também consistentemente observadas. Mas pode fazer ainda mais, porque ao contrário do cão, que não consegue compreender o mundo humano em toda a sua complexidade, tem a oportunidade de se envolver e compreender a linguagem e o mundo do cão. Os cães comunicam na sua própria língua e de forma muito mais intensa e diversa do que a maioria das pessoas sabe. Apenas a parte mais pequena consiste na comunicação verbal sob a forma de latido.

A linguagem corporal constitui a parte mais importante. Os cães utilizam todas as possibilidades ao seu alcance para tal. Comunicam através das orelhas, nariz, postura, posição da cabeça, a elevação e descida do pêlo, a elevação e descida do olhar, naturalmente através da cauda e muito mais. Faça a si próprio e ao seu cão o favor de estudar a linguagem canina em pormenor, uma vez que isto facilitará muito a comunicação. O resultado de uma boa comunicação é uma relação boa e de confiança. Além disso, tente comunicar de uma forma que o cão compreenda. Muitas pessoas tendem a falar com o seu cão como o fariam com um humano, o que obviamente não faz absolutamente nenhum sentido. Em vez disso, pode usar o tom da sua voz e a sua postura para transmitir o sinal desejado e também ser compreendido pelo cão.

No entanto, há mais numa boa relação do que compreensão mútua. Já foi mencionado que a fiabilidade e a consistência são extremamente importantes. Não se sinta culpado quando impõe uma regra, mas veja-o como um favor que está a fazer ao cão a longo prazo.

As outras dicas são muito mais intuitivas e também muito importantes se quiser que o seu cão se ligue a si. Por exemplo, é apenas lógico que uma abordagem amigável e afectuosa faça o cão sentir-se bem e ajude a construir confiança consigo. O contacto físico regular também é bom para ambos. Nem todos os cães gostam de acarinhar, mas a maioria dos cães aprecia um bom carinho. De facto, acariciar e acariciar um cão não só tem um efeito positivo na saúde física e mental do cão, como também demonstrou baixar a pressão sanguínea nos humanos e libertar hormonas felizes. Brincar juntos e sair juntos também fortalece a relação a longo prazo. Brincar e envolver-se com o cão não deve ser apenas por razões de treino, mas também simplesmente por diversão. É claro que o treino também deve ser divertido para ambas as partes, mas há uma expectativa completamente diferente do cão do que quando apenas anda por aí a passear.

Naturalmente, é também extremamente importante que tenha sempre em mente as necessidades do cão e as satisfaça. Comida saudável, água potável e um local confortável para dormir devem ser uma questão natural, bem como caminhadas regulares e pausas para descanso.

Noções básicas de diferentes Formas de aprendizagem

Seu capítulo é sobre diferentes formas de aprendizagem. É importante saber que opções estão disponíveis para si na educação e treino, porque isto o ajudará a encontrar o método certo para si e para o seu cão. Em vários guias encontrará todas as opiniões possíveis sobre os métodos individuais, porque cada treinador de cães tem as suas próprias ideias sobre o que funciona e o que não funciona. Por esta razão, encontrará aqui uma lista neutra dos diferentes métodos e poderá formar a sua própria opinião. Além disso, alguns métodos são particularmente adequados para certos comandos. A explicação de cada método é sempre seguida de um exemplo de aplicação.

Antes de olharmos para as formas individuais de aprendizagem, contudo, faz sentido olhar para o comportamento de aprendizagem dos cães em geral. É importante preencher as condições certas para todas as formas de aprendizagem. O cão deve sentir-se confortável e também deve irradiar um humor positivo. Um sentimento geral de segurança é muito importante, porque sob stress e pressão os cães podem alcançar tão pouco sucesso de aprendizagem como os humanos. O medo ou mesmo a dor são um tabu absoluto e não têm lugar no trato com cães. Certifique-se também de que a formação pode ter lugar num ambiente adequado. Especialmente no início, o cão precisa de um ambiente tranquilo, familiar e livre de estímulos que o distraiam. Outros animais de estimação, crianças pequenas ou ruídos que distraem, como as televisões, não têm lugar no ambiente de treino, especialmente no início. O seu cão deve querer aprender. Se notar que não consegue contactá-lo neste momento e ele está obviamente ocupado com outra coisa, então não vale a pena forçá-lo a treinar. Antes de desistir, porém, vale a pena tentar criar a motivação certa. Interesse o cão e certifique-se de que ele gosta de aprender algo novo. Descubra do que o seu cão gosta particularmente e use este conhecimento para o motivar para o treino. Tenha também em conta que os cães são criaturas inteligentes. Os mal-entendidos surgem frequentemente quando as pessoas assumem que os cães não são assim tão inteligentes só porque comunicam de uma forma diferente dos humanos. Mas só porque um cão não fala linguagem humana, não significa que não tenha inteligência. Na verdade, os cães falam uma linguagem muito complexa baseada principalmente na linguagem corporal. Esta linguagem é muito mais expressiva do que muitas pessoas imaginam. Isto só por si prova como os cães são realmente inteligentes. Além disso, estes animais têm uma inteligência emocional altamente desenvolvida. Eles são extremamente empáticos e normalmente sabem ainda melhor do que nós, humanos, como os outros seres se sentem neste momento. O grau de desenvolvimento do pensamento lógico e a capacidade de processos de pensamento complexos também depende da raça. Border Collies e Dalmatians, por exemplo, caracterizam-se por um nível de inteligência particularmente elevado, ao qual, como proprietário, também deve fazer justiça. Há muitos equívocos não só sobre a inteligência dos cães. É um cliché frequentemente pensado que os cães só são capazes de aprender coisas novas até uma certa idade. Isto não é verdade. Embora o treino numa idade jovem possa definitivamente ter um bom efeito, uma vez que se pode ensinar princípios básicos importantes desde cedo que facilitarão o processo de aprendizagem posterior, este facto não leva necessariamente à conclusão de que os cães adultos já não podem aprender. É claro que um cão adulto ainda pode aprender, caso contrário esta raça estaria bastante perdida na natureza. O que aconteceria se um cão mais velho encontrasse um perigo, por exemplo, uma outra espécie perigosa? Se fosse incapaz de aprender coisas novas, correria o risco de entrar numa situação tão perigosa uma e outra vez, mesmo que isso pudesse ser evitado se entendesse que havia um perigo desta espécie. Portanto, só porque os cães adultos são menos facilmente moldados do que os cachorros, não pense que tem de perder a esperança. Todos os cães podem aprender coisas novas, e com a abordagem certa, podem. A abordagem correcta também inclui saber como funcionam os processos de aprendizagem em cães.

Por um lado, o contexto é importante. Se um cão tiver uma experiência positiva ou negativa, ligará esta experiência com outros estímulos que o afectem durante a experiência. Se não tiver em conta o contexto, um cão pode adoptar um comportamento indesejável. Isto acontece frequentemente em caminhadas, por exemplo, quando o cão encontra outros cães da mesma espécie. Os donos tendem a manter o cão com trela muito curta assim que este encontra outros cães. Puxar a trela para trás e mantê-la curta faz com que o cão sinta a pressão da coleira ou do arnês ou mesmo dor se for puxado para trás de forma demasiado solta. O resultado é que o cão associa a visão do companheiro cão a esta sensação desagradável e, consequentemente, armazena outros cães como algo negativo.

Além disso, os cães não têm a capacidade de diferenciar. Eles generalizam rapidamente uma experiência. Para ficar com o exemplo da pressão da trela ao encontrar um conspecífico, a consequência aqui não seria que o cão perceba especificamente este conspecífico como negativo, mas que ele generaliza a experiência e inicialmente liga todos os outros cães com a sensação desagradável.

Nos métodos de aprendizagem descritos, é mencionado repetidamente como é importante que se realize a formação em pequenas etapas. Especialmente os comportamentos que exigem um nível particularmente elevado de disciplina ou que são difíceis para o cão porque internalizou um comportamento contrário devem ser aprendidos passo a passo.

Os cães não aprendem vendo de repente a luz e compreendendo o que lhes está a ser ensinado. Em vez disso, precisam de muitas repetições para interiorizar um comportamento. Portanto, seja paciente com o seu cão. Manter sessões de treino curtas e praticar regularmente. Esta é a forma como os cães aprendem.

ACONDICIONAMENTO

O condicionamento é provavelmente o método de treino mais popular. Basicamente, o princípio é ligar dois eventos para o cão. O primeiro evento é um certo estímulo que vem do formador. Isto pode ser, por exemplo, uma palavra-sinal, um sinal de mão ou um mimo que é oferecido. O segundo evento é uma reacção do cão a este sinal em particular. Por exemplo, o estímulo que emana do formador é o comando falado "Sit". A reacção desejada do cão, neste caso, seria sentar-se. Um princípio simples mas eficaz que goza de grande popularidade por uma razão.

É menos conhecido que existem dois tipos de condicionamento, o condicionamento clássico e o condicionamento operante. A diferença entre estes dois tipos de condicionamento é se uma resposta consciente ou inconsciente é desencadeada no cão. No caso do condicionamento clássico, a reacção é inconsciente; no condicionamento operante, é consciente.

Condicionamento clássico

O princípio do condicionamento clássico é o de obter uma resposta automática no cão a um estímulo particular. O cão não tem, portanto, qualquer controlo sobre a forma como reage porque o estímulo foi internalizado numa forma em que desencadeia um reflexo.

Este condicionamento clássico ocorre frequentemente na vida quotidiana sem ser especificamente guiado pelo proprietário. Talvez já tenha observado que um cão começa a babar-se assim que se levanta a sua tigela. Isto acontece porque associou o levantamento da tigela a ser alimentada. Inconscientemente, o corpo do cão reage produzindo saliva para melhor absorver a comida.

A fim de explicar como o condicionamento clássico pode ser utilizado de uma forma orientada, é necessário introduzir alguns termos com antecedência.

Estímulo não condicionado: Um estímulo não condicionado é um estímulo que instintivamente desencadeia uma certa resposta. Por exemplo, o cão começa automaticamente a abanar a sua cauda quando lhe fala com uma voz alta e amigável. Ou começa a babar-se quando sente o cheiro de algo saboroso para comer. A voz elevada e amigável e o cheiro de comida deliciosa são ambos estímulos incondicionais.

Reflexo não condicionado: O reflexo não condicionado é uma resposta descontrolada a um estímulo específico que o cão não consegue controlar. Em relação aos exemplos já dados, o abanar da cauda e a baba são reflexos incondicionados.

Estímulo neutro: Um estímulo neutro é uma impressão sensorial que não evoca uma reacção específica. Por exemplo, se for à tigela do cão e o cão não associar esta acção a ser alimentado, ele não começará a babar-se. Tocar na tigela é, portanto, um estímulo neutro para o cão que não causa uma reacção específica.

Estímulo condicionado: O objectivo do condicionamento clássico é a criação de estímulos condicionados. Um estímulo condicionado desencadeia uma resposta específica aprendida através do condicionamento clássico.

Reflexo condicionado: O reflexo condicionado é uma reacção a um estímulo condicionado. Este reflexo não é a reacção instintiva a um estímulo, mas tem de ser aprendido artificialmente. Assim, por exemplo, se o cão começar a babar-se quando se vai à sua tigela sem que ele repare no cheiro da comida, isto é um reflexo condicionado.

Agora que os termos mais importantes estão esclarecidos, podemos continuar com um simples exemplo de condicionamento clássico de um cão.

Como já foi dito, é um reflexo não condicionado quando um cão começa a babar-se com o cheiro de algo comestível. Estamos agora a tentar transformar este reflexo incondicionado num reflexo condicionado. Para o fazer, é necessário um estímulo neutro, que se transforma num estímulo condicionado com a ajuda do treino. O estímulo neutro pode ser, por exemplo, a palavra "comida". Desde que o cão não associe nada a esta palavra, não provocará uma reacção. No entanto, é possível ligar o estímulo do cheiro dos alimentos com a palavra-sinal "comida". Sempre que se põe algo para o cão comer, dizer a palavra "comida". Isto fará com que o cão ligue a palavra sinal e o cheiro da comida e a partir de agora comece a babar-se quando ouvir a palavra "comida", mesmo que não sinta o cheiro da comida. Assim, o estímulo neutro tornou-se um estímulo condicionado. O reflexo incondicionado de baba tornou-se um reflexo condicionado.

Condicionamento do operador

O condicionamento operante é também chamado condicionamento instrumental. Neste processo, o cão aprende conscientemente a reagir a um estímulo enviado por si. Em contraste com o condicionamento clássico, ele pode decidir se quer reagir da forma desejada. Assim, o condicionamento operante, em vez do condicionamento clássico, representa uma forma de comunicação entre si e o seu cão. O cão decide conscientemente reagir de uma certa forma. Isto significa, é claro, que também pode decidir não reagir. Além disso, no caso de condicionamento operante, existem várias gradações que determinam a probabilidade de o cão mostrar um certo comportamento.

Também no caso de condicionamento operante, começamos com um exemplo de condicionamento que pode ter lugar sem intenção. Um exemplo bem conhecido é o latido. Vamos supor que o seu cão ladra de vez em quando e desta forma tenta atrair a sua atenção. Cada vez que responde ao latido da maneira que o cão quer, está a reforçar o comportamento. A probabilidade de o cão usar o latido como meio de chamar a atenção aumenta.

Também no condicionamento operante, existem alguns termos técnicos que deve definitivamente conhecer.

Reforço positivo: A palavra "positivo" no caso de condicionamento operante significa que é adicionado um estímulo. No reforço positivo, o comportamento do cão é seguido por uma resposta agradável ou desejada pelo cão. Assim, por exemplo, se o cão ladra e é aplacado com palavras amáveis em resposta, isto é um reforço positivo e o cão irá executar este comportamento com mais frequência.

Punição positiva: A punição positiva é uma reacção a um comportamento que é desagradável para o cão. Uma vez que o cão não quer provocar novamente a reacção desagradável, será menos provável que mostre o comportamento indesejado. Assim, por exemplo, se o cão tende a mastigar sapatos e a sua resposta é puni-lo com um "Não!" claro e firme, isto irá resultar em que ele mastigue sapatos com menos frequência ao longo do tempo.

Reforço negativo: A palavra "negativo" no caso de condicionamento operante significa que um estímulo é removido. No reforço negativo, o cão é reforçado num determinado comportamento através da remoção de um estímulo negativo. Isto é útil quando se pratica caminhada com trela, por exemplo. Se o cão não andar ao seu lado como desejado, pode parar em resposta e manter a trela esticada até que o cão pare de puxar a trela. Só então a trela e o estímulo negativo para o cão desaparece.

Castigo negativo: No caso de castigo negativo, o cão é privado de um estímulo positivo. Uma vez que o cão não quer que o estímulo positivo desapareça, tentará comportar-se de uma forma que o preserve no futuro. Por exemplo, se o cão se tornar demasiado selvagem enquanto brinca, pode interromper a brincadeira e assim privá-lo do estímulo positivo de brincarem juntos.

Agora também conhece os termos mais importantes do condicionamento operante e podemos continuar com o exemplo dado no início.

Portanto, o seu cão ladra porque quer chamar a sua atenção dessa forma. Pode reagir de quatro maneiras diferentes usando o condicionamento operante. Qual a melhor resposta depende da situação e qual o melhor método para si e para o seu cão individualmente. Tem o método de punição e reforço positivo e o método de punição e reforço negativo. No caso do cão que ladra e quer chamar a sua atenção, pode usar o chamado aperto de focinho sob a forma de punição positiva. Isto implica colocar brevemente a área da palma da mão entre o dedo indicador e o polegar no focinho do cão. Se em vez disso quiser reagir com reforços positivos, tem de esperar por um momento em que o cão não ladre, porque quer reforçar o "não ladra", por assim dizer. Se o cão parar de ladrar, elogie-o com voz calma. É importante que o ignore de antemão e não responda de forma alguma ao seu latido. Um reforço negativo neste caso significaria que reage exactamente da forma oposta ao que o cão quer, ou seja, ignora-o deliberadamente até que ele deixe de ladrar. Nem todos os quatro métodos podem ser utilizados em todos os casos. Por exemplo, a punição negativa não é adequada neste caso.

HABITUAÇÃO

O termo "habituação" é derivado da palavra latina "habitus" - atitude. A palavra habitus também pode ser traduzida como "habituação". Basicamente, este método de aprendizagem consiste em habituar o cão a um certo estímulo de tal forma que ele já não reage tão fortemente ou mesmo de todo a ele. Isto é feito expondo o cão ao estímulo extra frequentemente para que se torne cada vez menos interessante. O oposto da habituação é a "sensibilização", outro método de aprendizagem, que é explicado mais à frente no ponto seguinte. Estes dois métodos pertencem aos métodos de ensino não associativo, em que o cão é repetidamente exposto a um estímulo e a partir deste confronto com o estímulo, um certo efeito de aprendizagem deve ser alcançado. A habituação não utiliza mecanismos de recompensa como a alimentação de guloseimas. Uma desvantagem da habituação é que a habituação a um estímulo só é mantida permanentemente se o cão for regularmente exposto ao estímulo. Se o estímulo estiver ausente durante algum tempo, a habituação diminui e o cão reage mais fortemente novamente. Por esta razão, deve considerar cuidadosamente para que estímulos escolhe a habituação como um método de aprendizagem. Para impressões que afectam sempre o cão de qualquer maneira e para as quais ele mostra permanente ou muito regularmente um comportamento indesejável, é um método muito adequado. Um bom exemplo é o cão que persegue cada carro que passa ou um cão que ladra a cada caminhante do seu próprio jardim.

Vejamos um exemplo concreto: Tem um cão tão receoso e céptico em relação aos estranhos que ladra para eles. Com a habituação, é importante habituar gradualmente o cão ao estímulo e não o perturbar ainda mais, movendo-se demasiado depressa. Comece por expor o cão a uma forma enfraquecida do estímulo. Por exemplo, pedir a um vizinho que passe do lado oposto da estrada. Por enquanto, deve ignorar o cão. Desta forma, o cão perceberá que não existe um perigo agudo por parte do estranho. Pode reforçar o estímulo ao fazer o andarilho passar cada vez mais perto de si. Finalmente, pode também cumprimentar o cão e procurar contacto directo com ele. O último passo deve ser caminhar directamente em direcção ao cão e tocá-lo. Uma dica geralmente válida para cães de companhia é que deve evitar aproximar-se de cima com a mão. Em vez disso, procure o contacto a partir do lado, não há risco de mal-entendido entre si e o cão.

SENSIBILIZAÇÃO

Como já foi mencionado, a sensibilização é a antítese da habituação. Em rigor, é um método de aprendizagem, mas o objectivo aqui deveria ser contrariar a aprendizagem através da sensibilização, por exemplo, aplicando a situação de hábito. Além disso, ao utilizar a situação de hábito, existe o perigo de ocorrer uma sensibilização, por exemplo, se o cão for exposto ao estímulo de forma demasiado brusca. A abordagem passo a passo é muito importante, caso contrário pode causar um enorme stress para o cão.

Um exemplo de sensibilização pode ser observado num cão que reage muito fortemente a um determinado som. Por exemplo, muitos cães são stressados pela campainha da porta. Quanto mais frequentemente o cão ouve o zumbido, mais o stress aumenta e, consequentemente, a intensidade da sua reacção. Tente associar o estímulo ao qual o cão é sensível com algo positivo. Por exemplo, peça a outra pessoa para tocar à campainha de propósito e recompensar o seu cão com um mimo ou outro estímulo positivo ao mesmo tempo. Com o tempo, o cão pode aprender que algo de grande acontece quando a campainha toca e ele perde o medo do barulho.

FORMAÇÃO SOBRE IMITAÇÃO

A formação por imitação é uma forma social de aprendizagem para a qual a presença de conspecíficos é muito útil, mas não absolutamente necessária. Envolve o cão a observar um comportamento num cuidador ou outro cão e a aprender com ele. É um comportamento muito natural que o interesse em algo aumente quando outra pessoa está envolvida nele. Pode tirar partido disto. Por exemplo, se o seu cão tiver medo de um objecto, seria uma forma de treino de imitação se se ocupasse desse objecto e assim despertasse a sua curiosidade. A curiosidade pode então levar o cão a ultrapassar o seu medo e a ser introduzido no objecto. Pode então combinar o treino de imitação com a habituação e gradualmente habituar o cão ao contacto com o objecto.

Se tiver a oportunidade de envolver outro cão no treino, pode usar o treino de imitação, uma forma de treino de imitação. O princípio é que o seu cão observa um comportamento desejado noutro cão e depois imita-o. Por exemplo, pode tentar introduzir o seu cão a um alimento desconhecido que o cão que trouxe come sem qualquer problema. Desta forma, o seu cão pode testemunhar que outro cão parece provar excelentemente a comida e, como resultado, é mais provável que se atreva a prová-la também. Esta é também uma boa forma de combater o medo de certas situações. Se um cão medroso está numa situação juntamente com um cão calmo que causa reacções negativas no cão medroso, o cão medroso pode observar que o cão calmo obviamente não percebe a situação como perigosa. Isto pode ajudá-lo a compreender que não precisa de ter medo.

Compreender a linguagem canina

Fim de viverem juntos para o trabalho e para que os seres humanos e os cães sejam felizes, a comunicação deve decorrer da forma mais suave possível. Uma vez que é pouco provável que o seu cão aprenda linguagem humana, cabe-lhe a si compreender a linguagem canina. Os cães comunicam de facto muito claramente se compreenderem como interpretar correctamente a interacção de expressões faciais, gestos e linguagem corporal. Isto não só é útil quando se trata do seu próprio cão, mas também para poder avaliar cães estranhos numa fase inicial.

Abaixo aprenderá como os cães comunicam os sentimentos mais importantes através da linguagem corporal. Esteja ciente, no entanto, de que os cães são indivíduos. Cada cão tem as suas próprias características, também na comunicação. Além disso, existem também formas de comunicação típicas de raça, sobre as quais se deve informar. Notará que alguns sinais parecem contraditórios ou podem ter vários significados. Para poder interpretar a linguagem canina sem erros, deve conhecer muito bem o seu cão e já ter adquirido alguma experiência em lidar com cães. Por enquanto, basta ter ouvido ou lido estas primeiras noções básicas pelo menos uma vez. O resto virá com o tempo.

Os comportamentos descritos abaixo que ocorrem com cada emoção não têm de ocorrer todos juntos. Cada cão comunica de forma diferente e utiliza diferentes partes do corpo com particular frequência na sua comunicação.

CONHECIMENTOS BÁSICOS DE FORMAÇÃO DE CACHORROS

Para criar um cachorro adequadamente, é necessário algum conhecimento, que agora irá aprender. Especialmente no início, pode fazer muitas coisas erradas, o que terá consequências consideráveis para a sua vida futura com o seu novo amigo. Portanto, demore bastante tempo e não tenha medo de procurar ajuda profissional se ficar retido.

As primeiras semanas

Agora chegou o momento e escolheu um cãozinho de um criador respeitável. Claro que um cobertor acolhedor num canto sossegado espera por ele na sua nova casa e uma caixa com brinquedos está pronta para ele brincar. Um arnês bem ajustado e uma trela também estão prontos para os primeiros passeios. Mas como irá o seu novo amigo reagir ao novo ambiente? Lembre-se que está agora a separá-lo da sua mãe e das suas companheiras de parto e uma vida completamente nova está a começar para ele.

Provavelmente o cachorrinho vai ficar assustado e stressado no início. Pode também uivar durante toda a viagem de regresso a casa. Por conseguinte, deve certificar-se de que a sua casa está calma e relaxada quando chega. Uma vez chegado a casa, o seu cão terá primeiro de se orientar. Mostre-lhe calmamente o seu lugar e a sua área de jantar e deixe-o correr sozinho para farejar tudo. Depois pode oferecer-lhe a sua primeira refeição na sua nova casa.

Se possível, dê ao seu cachorro a mesma comida que recebeu do seu criador. Uma mudança deve acontecer mais tarde e não de repente. Será tranquilizador para o seu cachorro se ele souber quando vai receber comida. Por isso, fixe os tempos e deixe que se desenvolva uma rotina. Dividir a ração diária em quatro refeições.

Se tiver sorte, o seu amiguinho instalar-se-á rapidamente, mas também poderá passar algumas noites sem dormir porque sente muito a falta da sua mãe e dos seus irmãos e choramingar.

Pode ser aconselhável utilizar uma caixa para cães nas primeiras noites. Coloque-o de forma a que o seu cão o possa ver e cheirar. Desta forma, no entanto, não pode correr sem controlo no apartamento e prejudicar-se a si próprio. Acima de tudo, o seu mobiliário será poupado.

Especialmente os primeiros dias e semanas num novo ambiente irão moldar o seu cãozinho. Se possível, não o deixe sozinho por muito tempo, porque então está a expô-lo a uma situação de grande stress. Pode desenvolver um medo de estar sozinho e começar a destruir os seus móveis ou outros objectos. Se mais tarde for inevitável que o seu cão tenha de ficar sozinho durante o dia porque tem de ir trabalhar, prepare-o lentamente para isso.

Brincar juntos também faz parte da criação de um cachorro e promove a ligação entre vocês os dois. Aqui as primeiras regras já estão estabelecidas e devem ser seguidas.

Habitue o seu cachorro a ruídos estranhos numa fase inicial. Esta poderia ser a campainha da porta ou o secador de cabelo, por exemplo. Ele deve conhecer tudo o que se passa no apartamento e arredores para que não tenha de suportar quaisquer medos.

Levem-no frequentemente para fora para que conheça superfícies diferentes e conheça outras criaturas.

Também deve habituar-se a andar de carro com o seu cachorrinho numa fase precoce. O mais tardar quando for ao veterinário pela primeira vez, terá de andar no carro consigo.

Comece também imediatamente a preparar, etc. Deixe o seu amigo saber como é ser tocado de cima para baixo por si e que não é mau.

Cada pessoa do seu agregado familiar deve criar laços com o novo membro da família. Certifique-se de que todos passam tempo a alimentar o cachorro, levando-o para fora ou escovando o seu pêlo.

Cada acção, não importa quão pequena, deve ser recompensada. O seu pequeno amigo aprende melhor através de experiências tão positivas.

Linguagem corporal: Compreender a linguagem do cão

O seu cão pode dizer-lhe muitas coisas através da sua postura. No entanto, é geralmente mal compreendido e os problemas e conflitos são, portanto, pré-programados. Mas o que significa a linguagem corporal do cão? Estes conhecimentos ser-lhe-ão transmitidos no decurso da continuação deste guia.

Um cão pode e irá utilizar todo o seu corpo para comunicar connosco, humanos ou mesmo com os seus conspecíficos. A linguagem corporal de um cão consiste em quatro níveis. Estes são sinais acústicos tais como latidos, uivos ou gemidos, seguidos de gestos e expressões faciais. Nos gestos, são utilizados os ouvidos e a cauda, e nas expressões faciais, os olhos e a boca desempenham um papel importante. Por último, mas não menos importante, a postura é acrescentada. Os sinais não-verbais são combinados para produzir a mensagem que o cão quer. O latido pode ser adicionado, mas não tem de ser.

Acredita certamente que compreende o seu amigo de quatro patas e vê o que ele quer de si. Em regra, será este o caso, mas há momentos em que não terá a certeza, especialmente se acabou de trazer o seu cão até si. Para evitar isto, é importante saber algumas coisas sobre a linguagem corporal do cão.

O que é que o seu cão lhe quer dizer?

Se só teve o seu amigo de quatro patas durante pouco tempo, pode ser difícil decifrar o que o seu cão está a tentar dizer-lhe a partir da sua linguagem corporal. Mas não se preocupe, com o tempo irá compreender cada vez melhor o seu animal de estimação.

Quando o seu cão abana a cauda, normalmente tem um significado positivo. Acima de tudo, exprime alegria. Observe como

O seu cão reage quando chega a casa após um dia de trabalho. Ele corre na sua direcção abanando a cauda? O seu amigo de quatro patas está muito feliz por finalmente voltar a vê-lo, e por isso abana a sua cauda extensivamente. Também o fará quando lhe segurar a trela na mão e quiser levá-lo a dar um passeio. O seu cão ficará ansioso por isso e também abanará a sua cauda. Mas também pode ser um convite para jogar. Também aqui, exprime alegria e antecipação do jogo.

O seu amigo de quatro patas está sentado à sua frente, a olhar para si com o rabo a abanar calmamente para trás e para a frente? Ele está a dizer-lhe que tem toda a sua atenção neste momento e espera o mesmo de si. O seu cão quer que brinque com ele e que se envolva com ele.

Mesmo que o seu cão esteja à sua frente e estique as patas dianteiras muito para a frente, isto é um convite para brincar. A isto chama-se uma postura *frontal para baixo*. Esta postura é acompanhada de um alegre abanar de cauda e talvez de uma casca de árvore. O seu cão quer a sua atenção indivisível. Com este comportamento, a sua querida também sinalizará aos outros cães que lhe apetece neste momento brincar muito com cães.

O seu querido também pode "dizer-lhe" quando está desconfiado. O que se faz quando não se percebe alguma coisa? É isso mesmo! As suas rugas na testa e tem de pensar. O seu cão faz o mesmo. A sua testa vai enrugar, os seus olhos vão ter uma expressão suspeita e incerta e a sua postura vai congelar. Dêem-lhe algum tempo para se ambientar à terra e, se necessário, introduzam-no cuidadosamente na situação desconhecida, de modo a que ele possa livrar-se da sua incerteza.

O seu cão está sentado à sua frente e a bocejar profusamente. Pode ser um sinal de cansaço, mas normalmente é mais a sua própria insegurança que o seu animal de estimação está a expressar. Isto pode acontecer, por exemplo, quando quer sair de casa e o seu amigo de quatro patas não tem a certeza se lhe é permitido ir consigo. Ele sente-se inseguro e espera de si um sinal claro sobre o que deve acontecer agora. Ao bocejar, o seu cão acalma-se internamente e assim reduz o stress que está a começar a acumular-se.

Já alguma vez observou o seu amigo de quatro patas a andar para trás e para a frente inquieta e nervosa? Esta é outra forma de o seu cão expressar incerteza: Ele não compreende o que está a acontecer. Algo é diferente daquilo a que ele está habituado. O seu cão quer descobrir o que é, e isso leva a este comportamento. Se souber qual poderá ser a causa, apresente o seu cão a esta situação com paciência e mostre-lhe o que é diferente. Esta é a única forma do seu animal poder encontrar novamente a paz.

Se o seu cão está a observar o seu ambiente com os ouvidos a apontar para a frente, ele está muito alerta neste momento. Talvez tenha ouvido um ruído desconhecido ou alguém estranho esteja a entrar na propriedade. O seu amigo de quatro patas está a olhar em todas as direcções e ficará muito tenso porque não sabe se há perigo ou não. Nesta situação, deixe-o olhar calmamente à sua volta para que não o assuste; o seu cão acalmar-se-á rapidamente uma vez que tenha reconhecido a situação.

Um possível medo é expresso quando o seu cão continua a olhar em volta e uma expressão preocupada é visível no seu olhar. Em tal situação, a cauda é normalmente presa entre as patas traseiras. Aqui o seu animal está a dizer-lhe que sente medo e quer deixar o local. Deve seguir este conselho, caso contrário o seu cão pode ficar sobrecarregado com a situação e começar a morder porque não sabe como se ajudar a si próprio. Nunca o deixe chegar tão longe. Por favor, leia o capítulo "O cão morde... e agora?

Do mesmo modo, se o seu cão estiver de pé com as pernas dobradas, a cauda entre as patas traseiras e as costas arqueadas. As orelhas são planas e baixas. O seu animal precisa da sua ajuda urgentemente, mas por favor não lhe toque nesta situação. Obtenha uma visão geral para ver o que aconteceu. Se conseguir resolver o momento perigoso para o seu amigo de quatro patas, ele vai acalmar-se.

O medo defensivo também é possível. Os sinais disto são um pêlo levantado, uma cauda encolhida e rosnado. É possível que o seu cão queira esconder-se num local que seja seguro para ele escapar à situação. Deixem-no fazer isto e não se aproximem dele, porque ele pode morder no seu medo. Em vez disso, tente descobrir o que desencadeou o medo, para que possa evitar este confronto no futuro.

Se o seu cão assume uma posição rígida e evita o seu olhar de si, ele tem um problema com a situação actual. Ele está provavelmente ciente da sua presença, mas não quer estar perto de si. Respeitem este desejo e tentem aliviar a situação prevalecente o mais rapidamente possível.

Um cão extremamente agressivo estará à sua frente, a ladrar e a rosnar. Parece que a qualquer momento pode saltar-lhe em cima. Os olhos estão apenas meio abertos e mostram um olhar "maligno". Assegure-se de manter a distância e tente escapar à situação movendo-se lentamente, caso contrário não se pode excluir a possibilidade de uma mordidela.

O seu amigo de quatro patas está esticado à sua frente? Não se preocupe, porque ele está completamente relaxado e equilibrado. Ele assumirá esta postura especialmente depois de um dia movimentado.

Agora leia novamente um pequeno resumo dos possíveis sinais do cão:

Os sinais que exigem distância e gestos ameaçadores incluem, por exemplo, o ladrar de dentes, um ataque falso, um estalar, rosnar e ladrar. Um pêlo levantado também faz parte disto. Isto destina-se a fazer o outro cão sentir-se desconfortável, a mantê-lo à distância ou a afastá-lo.

Os sinais amigáveis podem ser intermitentes, batedores ou bocejantes. Um "sorriso" ou lamber sobre a boca também faz parte dela. Um cão amigável mostrará também uma leve e calma abanadela da cauda.

Comunicação do humano com o cão

Naturalmente, é também muito importante que o seu cão o compreenda e assim reconheça o que lhe quer dizer ou comunicar. Um cão é capaz de distinguir entre cerca de 150 palavras diferentes, mas o tom de voz desempenha um papel muito mais importante.

Por exemplo, use uma voz baixa e rosnada quando quiser manter um cão à distância. Os tons baixos reflectem uma aura negativa. Portanto, deve usar este tom de voz quando precisar de repreender o seu animal, porque é assim que transmite a sua autoridade. Deve sempre informar o seu cão se ele está a agir correctamente ou a fazer algo errado, mas por favor nunca grite ou grite com o seu cão. Reprimands a um volume normal são suficientes, porque "o tom faz a música". Se o seu animal segue a sua repreensão, o elogio é apropriado para que ele saiba que agiu de forma satisfatória para si.

Os sons suaves, por outro lado, exigem a atenção do seu cão. Ele procurará o contacto visual e os seus ouvidos serão picados. Se quiser elogiar e encorajar o seu amigo de quatro patas, faça-o com uma voz alta, até mesmo animadora. No entanto, evite falar constantemente com o seu animal de estimação, pois isto será rapidamente ignorado e o cão "entrará em excesso de velocidade".

Agora é tempo de ensinar ao seu cão alguns comandos. Pelo menos os comandos básicos são importantes para que possa conduzir o seu animal em segurança para fora da sua propriedade. "Sentar", "Para baixo", "Ficar" e "Fora" são os comandos mais comuns que todo o cão deve conhecer. Pratique estes comandos com o seu amigo de quatro patas numa fase inicial, de preferência como um cachorro. Lembre-se que uma vez dada uma ordem, deve também cancelá-la, caso contrário o seu cão decidirá quando se levantará novamente após a ordem "Down", por exemplo. Muitos elogios, motivação e acima de tudo paciência conduzirão ao sucesso.

No entanto, lembre-se sempre que o seu cão não vai pensar como você. Aqui é desafiado e deve, acima de tudo, aprender a compreender a sua querida, porque os cães comunicam através do seu comportamento e não com a língua. É preciso ter compreensão para com o animal e muita paciência. Motivação, elogios e concentração são também necessários. Por outro lado, evite emoções tais como raiva, raiva, impaciência e falta de compreensão da sua parte. Isto só mostraria o seu próprio desamparo e não tem qualquer lugar no trato com um cão. O seu cão sente a sua atitude negativa e reagiria com insegurança e talvez até com medo.

Se agora quer começar a comunicar com o seu cão porque quer ensinar-lhe alguma coisa, a primeira coisa que tem de fazer é conseguir a sua total atenção. Certifique-se de que o seu amigo de quatro patas está concentrado, caso contrário ele não será receptivo. É uma vantagem se ele já ouvir o seu nome. Como já foi mencionado, os cães podem compreender muitas palavras diferentes. Contudo, seria bom que ainda "falasse" muito com o seu corpo, porque os cães comunicam principalmente através da linguagem corporal. Deve ser capaz de definir e comandar tudo o que quer ensinar ao seu cão com uma palavra curta. Faz sentido incluir aqui um certo gesto de mão, porque os cães comunicam através dos seus corpos. Por exemplo, pode acompanhar o comando "Stay" com um braço estendido, a palma da mão apontando depois para a cabeça do cão.

Por favor, não se torne demasiado zeloso, mesmo que tenha a sensação de que o seu cão irá aprender rapidamente. O oposto pode acontecer aqui e o seu animal de estimação ficará rapidamente sobrecarregado. É melhor repetir um exercício até que o seu cão o possa fazer sem cometer erros. Para evitar o aborrecimento, são possíveis pequenos aumentos no nível de dificuldade. Agora pode começar uma nova formação. De vez em quando deve repetir todos os exercícios que aprendeu até agora, um após o outro, para que o seu cão não os esqueça. E pense sempre numa recompensa pela execução bem sucedida das suas ordens.

E como é que o seu cão fala consigo?

O seu cão só pode comunicar consigo através do seu comportamento expressivo. É por isso que é tão importante que possa interpretar correctamente a linguagem corporal do seu animal de estimação. Um certo comportamento ou padrão de comportamento expressa uma certa necessidade. No entanto, definitivamente não é apenas uma expressão facial ou gesto que é mostrado, mas vários são combinados entre si. Por vezes, é claro, pode ser acrescentada uma casca, uma gema ou um lamento. Isto pode tornar um pouco mais fácil para si compreender o seu animal. Observe cuidadosamente para que no futuro saiba sempre o que o seu cão lhe está a tentar dizer.

Comportamento expressivo do cão

Os cães têm o talento de comunicar silenciosamente no seu ambiente. Na proximidade, a comunicação é sobretudo através de expressões faciais, enquanto que os gestos são utilizados a distâncias maiores. Mas o latido também não é negligenciado e tem significados muito diferentes.

Em primeiro lugar, os cães utilizam gestos e expressões faciais para evitar conflitos com outros cães ou outros seres vivos. Desta forma, podem ser estabelecidos limites desde o início e podem ser evitados grandes confrontos estabelecendo a hierarquia num grupo de cães.

Mas certamente também reconheceu uma ou duas expressões faciais ou gestos no seu amigo de quatro patas e sabe o que lhe vai na cabeça neste momento. Talvez ele já lhe tenha dado o "olhar inocente", na linha de "Eu não fiz nada, estou tão inocente". Olhamos então ao virar da esquina e vemos que todo o conteúdo do cesto dos papéis não só está espalhado no chão, como também foi partido em pedaços maravilhosamente pequenos. Outra possibilidade seria um olhar um pouco confuso, talvez até piedoso do seu cão. A próxima coisa que se nota é que a cama do cão é ocupada pelo gato, o que não faz qualquer esforço para a limpar. Ou talvez o gato tenha estado a comer a comida do seu cão e não se tenha atrevido a impedi-lo.

Pode "ler" todas essas ocorrências na expressão facial do seu animal sem que este faça um som. Por vezes, infelizmente, é só depois que descobrimos o significado de um certo sinal.

Portanto, o seu cão pode dizer-lhe muito através do comportamento. No entanto, é preciso aprender a compreendê-lo. A seguir, são apresentadas as diferentes formas de comunicação e explicado o seu significado. Como proprietário e confidente do animal, deve sempre prestar atenção aos sinais do corpo e reagir em conformidade. Esta é a única forma de assegurar uma coexistência harmoniosa entre humanos e cães.

OS GESTOS E EXPRESSÕES FACIAIS DO CACHORRO

A interpretação da linguagem corporal do cão pode ser muito excitante e interessante. Isto dá-lhe a oportunidade de avaliar o seu cão em diferentes situações e de agir com previdência. A literatura especializada oferece material suficiente sobre o assunto ou pode visitar uma escola de cães onde será instruído e pode tranquilizar-se repetidamente.

O cão não tem nenhum traço agressivo, mas é muito inteligente, doce e sempre pronto a aprender coisas novas. Por estas razões, não é particularmente difícil treinar esta raça. Como com qualquer outro cão, deve-se ter o cuidado de assegurar que ele tenha contacto regular com outros cães. A boa socialização é extremamente importante. Depois de se ter mudado para a sua nova casa, deve ser amorosamente integrado na rotina diária e introduzido a outros animais que vivem na casa e às crianças. É importante para o seu desenvolvimento que ele tenha sobretudo boas experiências. O tempo que passar com o seu novo animal de estimação será compensado mais tarde.

Os cachorros têm uma variedade de gestos para se fazerem notar - não só - entre os seus pares. Eles não são apenas bons em gestos e linguagem corporal, mas também em expressões faciais, que utilizam para comunicar com outros cães. Desta forma demonstram que têm fome, medo ou exigem carinho.

Se o cão ainda pequeno parece muito fixo numa direcção e as pupilas estão apertadas, este é um gesto ameaçador. No mundo canino, fala-se também do chamado "mau-olhado". Isto significa que o cão não parece "limpo" e pode morder sem aviso prévio.

O cachorro constrói-se especialmente a si próprio: Se o cachorro se sentir particularmente corajoso ou mostrar lados agressivos, ele construir-se-á a si próprio e tornar-se-á grande. As orelhas e a cauda são então erguidas. Provavelmente, ele irá levantar o peito e levantar os pêlos do pescoço e das costas. Também pode abanar suavemente a cauda quando rosna - um sinal de insegurança.

O cachorro faz-se muito pequeno: se um cão é submisso, ele faz-se o mais pequeno possível para aparecer como um cachorro. A sua esperança é que a sua contraparte o deixe em paz, porque os cães adultos, por exemplo, repreenderão os cachorros mas nunca os atacarão e morderão. Quando os cachorros são submissos, geralmente enrolam-se lateralmente no chão, seguram a cauda muito achatada e abanam-na tentativamente. Por vezes tentarão lamber a cara do cão superior ou cuidador. Em situações mais extremas, deitar-se-ão completamente de costas, expondo a sua garganta.

Fotografia 1: O cachorro faz-se muito pequeno.

Abanar a cauda é muitas vezes interpretado como um sinal de simpatia e alegria. Mas tem sido frequentemente observado um abanar exagerado em cães submissos. Assim, o abanar pode também ter vários significados:

Se o cão abana lentamente e a cauda é relativamente rígida, o cão fica furioso. Se a cauda estiver enfiada entre as pernas traseiras, isto é um sinal de medo. Os cães inquietos ou nervosos por vezes seguram a cauda para baixo e abanam-na apenas sugestivamente.

A forma como os cães transportam a sua cauda varia de raça para raça. Em geral, pode dizer-se que uma cauda que está num ângulo superior a 45 graus para trás representa alerta e interesse.

O **rosto e as expressões faciais de um** cachorro podem revelar muito sobre o seu estado de espírito actual. O cachorro está assustado? Ele está entusiasmado? Ele quer jogar? Estas e outras emoções podem ser reconhecidas e actuadas através das expressões faciais. Se os ouvidos estiverem apontados para a frente, isso significa que o cachorro está alerta e a ouvir. Se, por outro lado, as orelhas estão achatadas contra a cabeça, isto pode expressar alegria, bem como indicar medo. A fim de "ler" correctamente o ambiente, deve prestar atenção a outros sinais e colocá-los num contexto comum.

Se observar que os olhos estão apenas ligeiramente fechados, isto é geralmente um sinal de alegria ou aceitação de que é o "líder da matilha". No entanto, se os olhos estiverem bem abertos, o cachorro está alerta e em "alerta". A natureza organizou-a de tal forma que os cães, quando se encontram e estabelecem a hierarquia entre si, olham-se nos olhos uns dos outros até que o mais fraco ceda e se retira. Os especialistas em cães também aconselham este tipo de comportamento no treino de cachorros: numa situação de instabilidade, olhar para o cachorro até que este se afaste do olhar e se retire.

MEDO

É particularmente importante detectar um cão medroso em tempo útil. Isto aplica-se tanto aos cães estranhos como aos seus próprios. É responsável por tirar o medo ao seu cão e dar-lhe uma sensação de segurança. Ao reconhecer que um cão estranho é medroso, pode-se reagir a tempo, porque o medo pode rapidamente transformar-se em agressão.

Um cão temeroso mete a cauda entre as patas traseiras e entra numa postura de cócoras para se tornar tão pequeno quanto possível. Isto resulta muitas vezes num corcunda ou num cão que muda de posição entre diferentes posturas por aparentemente nenhuma razão. Se o cão não se abaixar completamente, é também possível que apenas as patas traseiras se curvem ligeiramente para dentro. Os cães medrosos muitas vezes viram a cabeça para longe da fonte de perigo para mostrar que não são uma ameaça. As orelhas são normalmente encolhidas e o pêlo nas costas é cerdado, especialmente quando o cão faz uma corcunda. Com os ouvidos para trás, os olhos parecem particularmente grandes e o olhar vagueia erraticamente. Há o sinal de ameaça passiva, em que um cão temeroso expõe ligeiramente os seus dentes da frente. Além disso, cães temerosos procuram frequentemente abrigo atrás de um cuidador.

AGRESSÃO

Um cão agressivo pode ser muito perigoso, por isso deve reconhecer os sinais antes de surgir uma situação perigosa. Nenhum cão que não esteja traumatizado ou com perturbações comportamentais atacará sem primeiro sinalizar que se sente ameaçado ao fazer gestos ameaçadores. Muitos gestos ameaçadores podem ser reconhecidos à distância.

Em suma, um cão agressivo geralmente tenta parecer particularmente grande. Para o fazer, endireita-se e também prepara a sua cauda. A postura é muito rígida e tensa. Em cães particularmente musculados e de pêlo curto, podem-se ver os músculos tensos. Um cão agressivo estica a sua cabeça na direcção do adversário, as orelhas são postas para trás. Ao mesmo tempo, o cão fixa o seu olhar sobre o adversário. O pêlo no pescoço e na cauda pode apresentar uma cerda. Um sinal claro de agressão é o rosnar, onde os caracóis do focinho e grandes partes dos dentes são expostos. Isto é normalmente acompanhado por um rosnado profundo e garganta.

DOMÍNIO

A classificação desempenha um papel importante para os cães no seu comportamento social. Alguns cães são naturalmente mais dominantes, outros mais submissos. Ambos estão perfeitamente bem e não se pode influenciar isto porque faz parte do cão. Se tiver vários cães, deve estar sempre atento à classificação dos cães entre si. Os cães de categoria inferior podem obter um negócio em bruto. Neste caso, é necessário intervir. Se os cães demonstrarem bom comportamento social entre si, é natural que estabeleçam uma ordem de classificação. É apenas importante que nenhum cão se veja a si próprio numa posição superior à sua, porque assim não obedecerá às suas ordens. O cão deve aceitá-lo como líder para que possa dar-lhe a segurança necessária que é essencial para uma vida canina feliz. Muitos donos de cães não gostam de se ver a si próprios como dominantes sobre o cão e temem que estejam a oprimir e a restringir o cão. Aceite que tem de assumir o papel de líder a fim de dar ao cão uma vida feliz. Não é um opressor impiedoso, mas sim um companheiro de ajuda.

A cauda de um cão dominante é montada com confiança, tal como toda a postura é erecta e um pouco rígida. A cabeça e os ouvidos também estão erectos e virados para o adversário. Ao olhar intensamente, os cães tentam intimidar os outros.

Os cães põem frequentemente uma pata na cabeça ou nas costas de outro cão para o dominar.

SUBMISSÃO

A submissão é a antítese da dominância. A submissão não tem de ser um comportamento que prejudique o cão. Num jogo entre cães, é bastante normal que o "perdedor" também se submeta de vez em quando. O cão provavelmente também se submeterá a si de vez em quando. A acção só é necessária se o cão se submeter muito frequentemente e em situações inapropriadas, porque isto pode ser um sinal de medo. Os cães medrosos podem tornar-se agressivos mais cedo ou mais tarde porque sentem a necessidade de se protegerem do perigo. Nunca seja agressivo para com um cão que se submete, porque já lhe está a sinalizar que não quer ter um conflito consigo.

Um cão submisso tenta fazer-se tão pequeno quanto possível para não representar uma ameaça. Semelhante ao medo, encolhem a cauda entre as patas traseiras e pato para baixo. Muitas vezes os cães deitam-se de costas e expõem a sua barriga e garganta para assinalar a sua submissão. Ao fazê-lo, o cão puxa as suas patas dianteiras em direcção à parte superior do corpo. Um cão submisso não vai querer fazer ou manter contacto visual. O bocejo é um sinal de apaziguamento inofensivo. É a forma do cão não parecer aborrecido, como uma força humana.

Alguns cães lambem os seus donos para assinalar a submissão.

AFECTO

Um dono afectuoso de um cão terá muitas vezes o afecto assinalado pelo seu amigo de quatro patas. O quão intensa e frequentemente um cão sente a necessidade de expressar o seu amor varia de cão para cão, por isso não culpe o seu cão se ele tiver um carácter mais distante. Alguns cães estão apenas a borbulhar de amor e vão demasiado longe com o seu afecto. Não há problema em mostrar ao seu cão os seus limites se o afecto for demasiado para si.

O abanar da cauda é um sinal típico de alegria e de afecto. Se o seu cão abana automaticamente a cauda quando olha para ele ou quando lhe dá a sua atenção, pode estar certo de que ele gosta de si. Um pré-requisito para um cão mostrar a sua atenção é que se sinta relaxado e seguro. Por isso, tem uma postura relaxada, um casaco descontraído e um olhar aberto.

Nem todos gostam, mas muitos cães adoram lamber o seu dono para mostrar o seu amor, ou de outra forma procuram proximidade física e acariciam ou acariciam com a sua pata.

REJEIÇÃO

É um direito do seu cão não gostar de outro cão. Mesmo connosco, humanos, acontece que simplesmente não nos damos bem com alguém. Um cão bem socializado não atacará outro cão mais do que um humano o faria, mesmo que não goste dele. Da mesma forma, poderá mudar de ideias e aprender a gostar do outro cão, afinal de contas, numa data posterior.

A rejeição é uma emoção complexa que pode evocar sinais de domínio, medo ou agressão. Naturalmente, o cão ficará tenso. Se ele passa muito tempo com um cão ou pessoa que rejeita, pode ser muito pouco saudável porque a tensão não diminuirá. É por isso que é importante que o cão aceite todos no seu ambiente próximo e se sinta confortável à sua volta.

TÉDIO

O tédio é muitas vezes a razão pela qual um cão desenvolve um comportamento negativo. Particularmente os cães muito inteligentes sofrem muito com o facto de não serem contestados e de se transformarem em yappers ou mastigarem os móveis. O comportamento agressivo e destrutivo é muitas vezes o resultado do tédio. Reconhecer numa fase inicial que um cão é pouco desafiado, porque o comportamento desenvolvido a partir do tédio é muito difícil de se livrar. Perceber cada cão como um ser completo e inteligente. Muitos proprietários pensam que um cão pequeno significa muito menos trabalho e já pode ocupar-se a si próprio. Outros estão entusiasmados com uma raça que é realmente utilizada como cão de trabalho e depois não pode satisfazer as exigências do cão enérgico.

O tédio não se manifesta, como se poderia pensar, principalmente em resignação ou cansaço. Em vez disso, o tédio é um factor de stress extremo para os cães. Um cão cronicamente pouco desafiado aparece muito stressado e destrutivo, em constante alternância com resignação e cansaço. Mostra comportamento agressivo em relação a móveis, objectos, outros cães ou pessoas ou mesmo a si próprio, mastigando as suas patas ou coçando-se a si próprio. O cão faz isto para criar estímulos para si próprio de alguma forma. Se o seu cão já está a ponto de desenvolver tais mecanismos de lidar com o stress, há necessidade de acção imediata e de mudar imediatamente a forma como interage com o seu cão. Antes de tais mecanismos se desenvolverem, o cão sinalizará o seu tédio incitando-o a brincar, trazendo-lhe um brinquedo, ladrando alegremente para si ou empurrando-o com a sua pata. Brinque regularmente com o seu cão e dê-lhe a sua atenção e afecto.

O ALAÚDE

O seu cão não pode simplesmente ladrar, há aqui grandes diferenças. Infelizmente, nós humanos nem sempre compreendemos a mensagem certa, porque as emoções que então sentimos normalmente atrapalham o caminho. A forma como o seu amigo de quatro patas faz sons é inata a ele. Pode ser um uivo ou uma casca em muitas variações diferentes. O seu animal também pode rosnar de diferentes maneiras. Pode ladrar por impaciência ou choramingar como um cachorrinho. Mesmo o grito de medo ou de dor é possível. Para chamar a atenção, o seu cão também pode cheirar ou um rugido pode ser ouvido porque está zangado. Muitas coisas são possíveis aqui, mas infelizmente nem sempre são interpretadas correctamente pelo proprietário.

Como já foi mencionado, os nossos sentimentos desempenham um grande papel. Um cão a tagarelar, por exemplo, desperta raiva em nós, humanos, mas também nos pode assustar. Causa desconforto, mas também piedade. Um rosnado normalmente põe-nos com medo, mas também nos pode deixar zangados. O queixume de um cão é visto como lamentável e gostaríamos de ajudar.

Quando um cão rosna, por exemplo, é geralmente entendido como um gesto ameaçador. No entanto, quando chega a rosnar ou mesmo morder, o seu cão já enviou muitos outros sinais, por exemplo, o levantar do seu pêlo traseiro. Se estes sinais não forem atendidos ou mesmo ignorados, o cão rosnará como último recurso para deixar claro que não se sente confortável nesta situação e quer ganhar distância. Se isto também não for compreendido, pode ocorrer um ataque. Um cão nunca morde sem uma razão. Por isso, procure sempre primeiro uma falha em si próprio, que certamente surgiu inconscientemente nas suas relações com o cão.

OS SINAIS DE CHEIRO

Os cães podem comunicar uns com os outros através de sinais de cheiro. Durante o seu passeio diário, terá reparado que o seu animal de estimação pára em muitos lugares diferentes e começa a farejar. Outros cães provavelmente deixaram aqui marcas de cheiro e o seu animal de estimação está agora a "lê-los". Deixe-o fazê-lo, para o seu animal de estimação é o seu jornal diário. Se houver aqui marcas de cheiro de outros cães machos, deixadas por fezes, urina ou glândulas sudoríparas nas patas, é muito provável que o seu cão macho os marque. É assim que ele marca o seu território e assim "conta" aos outros machos à sua volta. As putas gostam de deixar marcas de cheiro quando estão no cio, indicando que estão prontas a acasalar. O seu cão também pode detectar outras presas potenciais por cheiro e provavelmente irá querer persegui-las.

Acessórios de Educação e Formação

Aquisição de qualquer animal de estimação implica determinados custos. Um cão, em particular, não custa exactamente pouco dinheiro. Também deve estar ciente disto e tê-lo em conta se está a considerar adquirir um cão. Dependendo de onde se obtém o cão, o próprio cão custará um belo centavo. Os animais de criadores devem custar a partir de 1000 euros. Os abrigos de animais e as organizações de bem-estar animal também cobram uma certa quantia para garantir que o cão está em boas mãos e não será mal utilizado como animal reprodutor ou para pior. Não se deve querer poupar dinheiro num cão; afinal, é um ser vivo que deve valer a pena para si.

Os acessórios também custam muito dinheiro quando são novos. Com um cachorro, talvez não se deva optar pelos artigos de luxo mais caros para a primeira coleira, da qual voltará a crescer, e para o primeiro berço, que muito provavelmente cairá vítima dos seus pequenos dentes. Em qualquer caso, é necessário certificar-se de que a qualidade é boa, pois caso contrário existe o risco de os acessórios baratos conterem substâncias nocivas ou serem uma fonte de perigo para o cão devido a um mau acabamento.

COMO SE PODE PREPARAR PARA O CACHORRO EM CASA?

Uma vez finalmente encontrado o cachorro certo, é altura de preparar o apartamento ou a casa para cachorros. O novo membro da família precisa do seu próprio lugar, onde se encontra o seu cesto ou cobertor. É importante que o novo local possa também oferecer ao animal paz e sossego, para que o cachorro possa retirar-se se for demasiado para ele. Contudo, é também importante certificar-se de que este lugar não fica muito longe. Caso contrário, os cachorros terão a sensação de que estão a ser deixados sozinhos.

Também não se deve esquecer que os cachorros pequenos, comparáveis às crianças pequenas que ainda precisam dos seus abraços, também continuam a exigir o seu "calor do ninho". Ajuda a maioria dos cachorros se colocar uma peça de roupa usada, como um lenço, com o cheiro humano no cesto. Especialmente nas primeiras horas após a chegada ao novo lar, o jovem cachorro pode começar a uivar de vez em quando quando quando está deitado no seu cesto ou no cobertor. Tem saudades da sua mãe e dos seus irmãos e irmãs. No entanto, isto não deve levar a que o cachorrinho giro seja apanhado uma e outra vez ou mesmo levado para a sua própria cama. Esta é uma zona tabu onde ele não pertence e isto não deve evoluir para um mau hábito.

Para que o cachorro se habitue a um local de alimentação fixo desde o início, irá provavelmente decidir colocar uma tigela de comida e água na cozinha. Esta é normalmente a mais prática. No início, faz sentido utilizar a mesma comida que o cachorro recebido do criador ou dos anteriores donos. Desta forma, dá ao cachorro tempo suficiente para se habituar ao seu novo ambiente e conhecer os seus novos donos e não para se habituar a novos alimentos ao mesmo tempo. No entanto, se quiser habituar o seu animal a um alimento diferente e mais substancial, é possível após um certo período de tempo. Só tem de se certificar de que a nova comida para cachorros é de alta qualidade e contém os nutrientes importantes que os cachorros precisam.

Antes de o cachorro se mudar, já deve ter o equipamento básico, que seria: Coleira ou arnês de peito (melhor para usar porque não belisca e puxa no pescoço), uma ou duas coleiras de cão e as escovas apropriadas para o asseio.

Num apartamento ou numa casa, há sempre uma ou duas "fontes de perigo" algures, tais como cabos à volta ou objectos com cantos e arestas afiadas. Se possível, estes devem ser desactivados na medida do possível ou os cabos devem ser levantados em segurança. Para a fase de aclimatização, é claro que é mais agradável se puder tirar alguns dias de folga do seu trabalho e concentrar-se completamente no pequeno cachorrinho. Uma caixa de transporte também não deve ser esquecida. Proporciona ao cão a segurança necessária durante a viagem de carro e pode também oferecer ao animal um lugar de retiro numa sala.

Ter uma compreensão básica da psicologia canina irá ajudá-lo a viver em harmonia e felicidade com o seu cachorro e mais tarde cão adulto. Não tem de ser um perito neste campo, mas apenas lendo livros sobre treino de cachorros e posse de cães poderá expandir os seus conhecimentos. No entanto, se chegar a um ponto em que os seus conhecimentos já não sejam suficientes, pode procurar a ajuda de um treinador de cães.

No mundo canino, os cachorros comunicam entre si desde o início através da sua linguagem corporal. Isto inclui expressões faciais, postura corporal, o cheiro dos cachorros uns dos outros e os sons que fazem. Em geral, os cães usam as suas bocas, olhos e ouvidos, bem como as suas caudas para expressar os seus sentimentos.

COLARINHO OU ARNÊS DE PEITO?

Antes de abordarmos esta questão de saber se prefere uma coleira ou um arnês de peito, vale a pena olhar com imparcialidade para ambas as ajudas, pois de qualquer das formas, deve ser capaz de conduzir o seu cão em segurança com trela. Isto é necessário não só para a segurança do seu ambiente imediato, mas também para a segurança do cão. Para um cão, o nosso "mundo humano" pode por vezes ser muito confuso e confuso. O seu companheiro animal depende de ser conduzido em segurança por si, e isto inclui ser conduzido com trela, especialmente dentro das cidades e ao longo de estradas movimentadas.

Comecemos com o colarinho. A crítica mais comum às coleiras é que elas podem ser muito desconfortáveis para o cão usar. No entanto, isto pode ser evitado escolhendo o colarinho certo e um tamanho apropriado. No entanto, se o seu cão tiver uma forte tendência para puxar a trela, mesmo uma coleira perfeitamente ajustada não ajudará. Neste caso, a pressão permanente sobre a laringe e a traqueia pode levar a problemas de saúde. Deve realizar um treino intensivo no qual o cão aprende a andar sobre a trela sem puxar.

Há uma regra simples para um bom ajuste do colarinho: o colarinho não deve ser demasiado fino, porque isto causa dor. Certifique-se de que a coleira é pelo menos tão larga como o nariz do cão. Também deve ser capaz de deslizar dois dedos por baixo do colarinho quando este estiver ligado, para garantir que não está demasiado apertado. Contudo, também não deve ser demasiado largo, porque assim o cão pode puxar a cabeça para fora da coleira e libertar-se da trela. Portanto, ao comprar uma coleira, consulte sempre o pessoal de vendas e não se esqueça de informar o vendedor sobre a raça a que o seu cão pertence. Os materiais adequados são couro, tecido ou um forro de neoprene. Uma coleira de elo em cadeia nunca é uma alternativa adequada à espécie e resultará sempre em dores de constrição e pêlo preso ao seu cão.

Agora algumas noções básicas sobre o arnês de peito. Com um arnês, a pressão é melhor distribuída, e é por isso que usar um arnês bem ajustado é normalmente mais confortável do que usar uma coleira. Para um bom ajuste, certificar-se de que nenhuma correia escorrega sob as axilas do cão. A carga principal está no arnês no meio do peito, pelo que esta área deve ter acolchoamento extra, uma vez que também aí pode ocorrer uma pressão desconfortável. Além disso, os ombros devem ter liberdade de movimentos suficiente.

Sabe agora o que procurar ao comprar um arnês de peito ou uma coleira. Qual dos dois acaba por escolher para si e para o seu cão não deve depender da estética, mas das necessidades e do comportamento do seu cão. É sempre uma boa decisão deixar o seu cão habituar-se a ambos e, com o tempo, descobrir com o que ele se sente mais confortável.

QUAL É A MELHOR TRELA?

Tal como com a questão de saber se deve optar por um colarinho ou um arnês, esta decisão cabe-lhe a si, em última análise. Neste capítulo irá aprender que tipos de trelas existem e o que as torna diferentes. Não custa tentar várias opções para decidir que trela é a mais adequada para si.

A "trela diária", também chamada trela líder, é a forma clássica de trela de cão onde se prende uma trela simples de 1 a 2 metros de comprimento a uma coleira ou a um arnês. Estas trelas podem ser feitas de couro ou plástico e têm espessuras diferentes.

Em qualquer caso, deve ter essa trela, porque é a melhor maneira de treinar o seu cão a andar com trela e dá-lhe um bom controlo sobre o cão. Quanto maior for o cão, mais espessa e mais pesada pode ser a trela. Para um cão pequeno, uma trela pesada irá interferir na marcha, por isso compre apenas uma trela fina para um cão pequeno. Encontrará normalmente informações sobre o peso do cão na embalagem das trelas disponíveis nas lojas.

A "linha flexi" é uma linha muito fina que é enrolada numa bobina, que se encontra numa caixa com uma pega. Quando totalmente desenrolado, pode ter um comprimento de até 10 metros. Há um botão na caixa com o qual se pode parar o desenrolamento e também deixar a linha rolar de volta para dentro da caixa. O resultado é que a trela flexi está sempre sob tensão. Não é sem razão que este tipo de trela é criticado por este motivo. O cão aprende que tem de puxar a trela, pois caso contrário a trela não continuará a desenrolar-se. Além disso, esta trela é completamente inadequada para cães maiores, que têm uma força de tracção correspondentemente maior. O mecanismo de bloqueio só pode contrariar uma pequena força. Com um cão grande, há sempre o perigo de o mecanismo falhar e de o cão e o seu ambiente se encontrarem numa situação perigosa. Além disso, como dono, quase não tem qualquer controlo sobre o cão.

A "trela recuperadora" é um tipo especial de trela que torna o colarinho ou arnês supérfluo. Com a trela recuperadora, o colarinho faz parte da trela. Nesta trela há um laço em cada extremidade, um para o proprietário e um que funciona como um colarinho. O laço do colarinho é puxado frouxamente sobre a cabeça e por isso fica muito mais solto do que um colarinho real. Isto elimina as vantagens da coleira, tais como o cão não poder sair dela facilmente. Uma trela recuperadora é uma grande opção se o seu cão andar muito bem e não for propenso a reacções de pânico ou instintos de caça. Caso contrário, deverá preferir escolher uma coleira com uma trela diária.

A "trela de arrasto" é utilizada para treinar o cão fora das suas próprias quatro paredes. Numa caminhada normal, no entanto, é mais um obstáculo. Uma trela de arrasto é muito longa, pelo que o cão tem muito mais liberdade de movimento do que com os outros tipos de trelas, sem poder escapar incontrolavelmente. Isto permite-lhe treinar e brincar com o seu cão no exterior sem pôr em perigo o cão ou outros. O mesmo se aplica à linha de arrasto: quanto maior for o cão, mais espesso deve ser. Também pode escolher uma linha de reboque com ou sem laço de pulso, dependendo de querer ou não segurar o chumbo na mão durante o treino. A vantagem de uma trela sem pestana é que não pode ser apanhada de forma inesperada. Se estiver a pensar como é suposto parar o seu cão se não segurar a trela na mão, a resposta é mais fácil do que pensa: basta pisar na ponta da trela com um pé e ter o seu cão novamente sob controlo.

A "trela da casa" tem a mesma função que a trela de arrasto, excepto que é utilizada dentro do espaço habitável. Pode utilizá-lo para fazer exercícios dentro de casa e, por exemplo, para levar o cão ao seu lugar quando é suposto esperar lá. É também muito prático para o treino de cachorros, uma vez que se pode usar o chumbo da casa para sair muito rapidamente e assim promover o treino da casa do cão. A "trela de corrida" é um gadget prático para os entusiastas do desporto. Basta amarrá-lo à cintura, prender o cão com o mosquetão e as suas mãos ficam livres para correr. Um amortecedor proporciona um conforto adicional para o cão e para si. Para usar uma trela de corrida, o seu cão já deve ser capaz de andar bem com uma trela e ser entusiasta de tais actividades.

CAIXA, CESTO OU DORMIR NA CAMA?

Antes de decidir se o seu cão deve dormir numa caixa de cão, num cesto ou na sua cama, deve primeiro discutir onde quer colocar esse lugar de dormir. No caso de deixar o seu cão dormir na sua cama, a questão é provavelmente desnecessária, a menos que queira mover a sua cama. Os cães são muito sociais e a maioria dos cães não gosta de estar completamente sozinha. É por isso que o lugar de dormir nocturno do cão deve ser no seu quarto, se possível. Se não tenciona deixar o seu cão dormir no seu quarto, é justo deixá-lo dormir noutro quarto desde o primeiro dia. Caso contrário, ele não compreenderá se um dia for transferido. Uma vez que um cachorro não deve dormir sozinho nos primeiros dias, é aconselhável dormir noutra divisão com o cachorro nos primeiros dias. Os cães também gostam de adormecer durante o dia. Está a fazer um favor ao seu cão, proporcionando-lhe um lugar de descanso em todas as salas de estar. Os locais de descanso e de dormida nunca devem estar em passagens ou em locais de correntes de ar. Além disso, o local não deve estar junto a fontes de ruído, tais como uma televisão ou caixas de altifalantes. A cama deve ser um refúgio seguro para o cão. Por isso, se possível, deixem-no em paz quando ele aí se retirar e esperem até que ele venha novamente na vossa direcção. Isto é importante, porque todos querem ser deixados em paz.

Nem todos os cães têm as mesmas preferências. Por exemplo, um cão pode sentir-se seguro e protegido numa caixa de cão, enquanto outro pode preferir dormir numa espreguiçadeira ligeiramente elevada para não perder o rasto do cão à noite. Tanto caixas para cães como espreguiçadeiras para cães estão disponíveis em versões práticas dobráveis que são óptimas para o transporte no carro. O clássico é o cesto para cães no qual é colocada uma almofada. Contudo, os cães gostam de roer o cesto, pelo que esperam ter de comprar um novo mais cedo ou mais tarde. Também são populares as almofadas de cão, onde a borda é frequentemente reforçada com uma camada extra de almofada. Os cachorros, em particular, irão quase de certeza estragar o seu primeiro espaço para dormir. Portanto, se quiser comprar um local de dormir de preço elevado para o seu cão, espere até ele estar completamente crescido e treinado em casa, se possível.

ASSOBIO E CLICKER

O apito do cão e o clicker são ambos ferramentas populares para o treino de cães. Vamos primeiro mencionar brevemente as diferenças e depois passar às semelhanças e possíveis aplicações.

O apito do cão emite um som muito agudo, que mal é audível para muitas pessoas. Este tom é muito audível para os cães, mesmo a longas distâncias. Esta é a vantagem do assobio do cão em relação ao clicker. No entanto, o apito agudo pode ser muito desagradável para pessoas sensíveis, razão pela qual se deve ter sempre em consideração o ambiente que as rodeia quando se usa um apito de cão. Com o clicker, uma simples pressão do polegar desencadeia um som de clique. Como já foi mencionado, o clicker é mais útil para curtas distâncias do que para longas distâncias. A vantagem do clicker, porém, é que não o utiliza com a boca e pode, portanto, combiná-lo com um comando verbal ou elogio.

Ambas as ajudas têm em comum que fazem sempre o mesmo som, o que pode ser muito prático para a formação. Pode condicionar o seu cão a ouvir repetidamente o mesmo som. Com a ajuda do condicionamento, consegue-se que o cão entenda o som sozinho como uma recompensa. Esta pode ser uma alternativa saudável, especialmente para cães que são muito gananciosos ou tendem a ter excesso de peso. Além disso, o tom da sua voz varia consoante o seu estado de espírito. Como resultado, o cão pode interpretar mal um comando porque interpreta mal a mudança de tom.

BRINQUEDO

Esta secção é sobre diferentes brinquedos que pode utilizar para tornar as brincadeiras com o seu cão ainda mais excitantes e variadas. O jogo é extremamente importante para cada cão porque ajuda a mantê-los física e mentalmente ocupados. Além disso, todos os cães têm um instinto lúdico inato que precisam de agir para serem felizes. O instinto lúdico também pode ser muito útil para o treino, porque brincar ensina os limites e as regras de comportamento do cão. Cada cão tem as suas preferências quanto aos jogos que prefere jogar. Dar ao cão a oportunidade de conhecer e agir de acordo com as suas preferências, mas também proporcionar variedade, porque até os cães se aborrecem de um jogo em algum momento. Abaixo pode obter uma visão geral dos diferentes tipos de jogos e dos brinquedos a eles associados. Especialmente com um cão novo, deve experimentar cada tipo de jogo para ver o que ele responde melhor.

Recuperação:

A maioria dos cães gosta de recuperar, mas nem todos os cães compreendem o princípio da recuperação. Não é, portanto, invulgar que um cão ache ainda mais divertido fugir com o brinquedo do que devolvê-lo com todo o respeito. É claro que isto é muito cansativo para o proprietário. Por isso é melhor ensinar o cão a recuperar correctamente e elogiá-lo efusivamente quando ele lhe trouxer o brinquedo de volta com sucesso.

Todos os brinquedos suficientemente robustos para serem atirados e leves para serem transportados pelo cão na sua boca são adequados para serem recuperados. As bolas são particularmente populares porque têm um factor de diversão adicional devido ao saltar e rolar, e colam porque podem ser apanhadas no local em vez de serem trazidas dentro de um saco.

Pesquisa

Os jogos de busca são um verdadeiro trabalho de detective para cães e podem basicamente ter lugar em qualquer lugar. Esconde-se um brinquedo adequado num local de fácil acesso para o cão. A tarefa do cão é encontrar o brinquedo.

Ao jogar jogos de busca, é importante que o brinquedo a ser procurado também possa ser encontrado pelo cão. Portanto, deve cheirar de alguma forma, porque o nariz do cão é conhecido por ser muito sensível. Pode esconder guloseimas desta forma ou mesmo brinquedos especialmente concebidos para o efeito, nos quais as guloseimas podem ser guardadas.

Atirar:

Muitos cães gostam de perseguir um brinquedo atirado. Isto apela ao instinto de caça e imita a pressa da perseguição. Especialmente os cães com uma grande vontade de se mudarem, recebem o seu dinheiro. No entanto, há algumas coisas a ter em conta, porque os sprints intensos e a travagem brusca colocam uma tensão nas articulações. Claro que também é necessário muito espaço para jogar tais jogos, por isso são bastante menos adequados para a sala de estar, mas devem ser movidos para fora. Deve também certificar-se de que a superfície em que joga jogos de arremesso com o seu cão não é demasiado dura. É melhor jogar na relva, porque as superfícies duras são uma fonte de perigo. O cão não está a usar sapatos e pode magoar as patas ou mesmo os dentes se apanhar o brinquedo.

Os brinquedos adequados para atirar são basicamente todos objectos úteis que são suficientemente robustos para serem atirados. Bolas, Frisbees e o bom e velho pau são particularmente populares.

Jogos de rebocador de guerra:

Em princípio, pode-se jogar jogos de cabo de guerra em qualquer lugar, porque é necessário relativamente pouco espaço. Segura-se numa extremidade do brinquedo enquanto o cão puxa na outra extremidade. Em princípio, é uma espécie de cabo de guerra um contra um. Não fique nervoso se o cão rosnar enquanto brinca. Isso faz parte do puxão para ele. O objectivo do jogo é ganhar o brinquedo no final. Manter um equilíbrio entre qual de vocês ganha e com que frequência. Se o cão ganhar demasiadas vezes, ele pode duvidar do seu papel de líder porque é obviamente muito mais forte do que você. Mas se apenas perder, provavelmente perderá a motivação mais cedo ou mais tarde.

Cordas, cordas ou mesmo meias e cachecóis velhos são adequados para jogos de cabo de guerra.

Jogos de água:

Os jogos de água não são para todos os cães, porque há alguns cães que têm medo de água. Os verdadeiros ratos de água, por outro lado, são frequentemente encontrados entre Labradores, Dobermans e Golden Retrievers. Se o seu cão gosta de estar na água, pode deixá-lo recuperar os brinquedos da água. No entanto, a natação é muito cansativa para o cão. Mesmo que o cão provavelmente não queira parar de jogar sozinho, é responsável por parar o jogo no momento apropriado para que ele não se exagere.

O brinquedo utilizado deve, evidentemente, poder flutuar à superfície da água, porque os cães não são mergulhadores. Encontrará muitos brinquedos especialmente concebidos para brincar na água em lojas especializadas.

Brinquedos de peluche:

Quando se trata de brinquedos de peluche, os cães podem comportar-se de forma muito semelhante às crianças pequenas. Alguns cães arrastam o seu brinquedo fofinho com eles para todo o lado e colocam-no sempre no seu cesto quando vão dormir. Os brinquedos de peluche também podem ser recuperados. Teoricamente, também são adequados para jogos de cabo de guerra, mas é claro que se quebram muito rapidamente. Alguns cães, no entanto, certificam-se de que o seu brinquedo de peluche não tem uma longa esperança de vida. Têm grande prazer em rasgar o brinquedo carinhoso em pedaços no menor tempo possível e muitas vezes não demonstram qualquer apego emocional a este brinquedo. Neste caso, talvez devesse abster-se de comprar sempre novos brinquedos de peluche e oferecer ao cão meias velhas ou outros restos de tecido. Com um ou mais nós, estas coisas também se tornam grandes brinquedos de peluche para cães destruidores.

Os brinquedos de peluche especialmente para cães vêm em todos os tamanhos e formas. Certificar-se de que as costuras estão bem feitas e que não há peças pequenas perigosas nelas. Claro que nenhum brinquedo para cães deve conter substâncias tóxicas, porque os cães brincam principalmente com a boca e absorveriam as toxinas dessa forma.

Se não quiser apenas um brinquedo clássico de peluche, mas também quiser oferecer ao seu cão um incentivo adicional, pode comprar um brinquedo de peluche de chiar ou crepitar. A vantagem dos brinquedos que guincham sobre os brinquedos que guincham é que eles são muito mais silenciosos. Os cães podem por vezes ocupar-se durante horas com um tal brinquedo. O ranger durante horas pode ser muito cansativo. No entanto, com brinquedos fofinhos que oferecem tais estímulos adicionais, esperar que o cão os quebre mais rapidamente, porque o barulho sugere uma certa vivacidade do brinquedo para o cão. Isto, por sua vez, apela ao instinto de caça e pode acontecer que o cão queira matar o brinquedo fofinho. Para o cão, isto significa que o brinquedo de peluche já não faz qualquer som. Como resultado, pode rasgar o brinquedo fofinho em pedaços.

Jogos de puzzle:

Alguns cães precisam de exercício mental particularmente intenso. Os cães muito inteligentes, em particular, desenvolvem rapidamente padrões de comportamento negativos quando não são suficientemente contestados. Pode encontrar uma variedade de jogos de puzzle nas lojas que põem a mente do cão à prova. É claro que os donos de cães com talento para o artesanato também podem desenvolver os seus próprios jogos de puzzle. Nem todos os cães gostam de enfrentar tais desafios. Não culpe o seu cão se ele não gostar de jogos de puzzle, mas encontre outro jogo juntos que ambos gostem.

ROUPA PARA O CÃO?

Especialmente em tempos de redes sociais, a popularidade das roupas de cão tem aumentado enormemente. Vêm em todas as cores, formas e variações. Especialmente no Outono e no Inverno, vê-se frequentemente cães com casacos ou saltadores. Isto pode parecer absurdo para algumas pessoas ou mesmo inapropriado para a espécie. Claro que há peças de vestuário sem sentido, um cão certamente não precisa de chapéu e um husky certamente não precisa de casaco de Inverno. No entanto, as roupas de cão são mais úteis do que a sua reputação possa sugerir. Cães pequenos e cães com pelagem particularmente fina podem beneficiar grandemente de um pêlo de Inverno. Simplesmente não são concebidos para temperaturas frias e, por isso, por vezes, congelam muito mal. Os sapatos também podem ser úteis se viverem numa área onde o sal é utilizado para combater a neve. O sal causa dor nas patas do cão. Os sapatos podem, portanto, proporcionar uma boa protecção contra o sal na estrada. Os cães aquáticos estão frequentemente muito gratos por um mackintosh e estão imediatamente muito mais motivados para dar um passeio quando chove. Os cães mais velhos também beneficiam de roupas quentes que são fáceis nas suas articulações e impedem-nos de adoecer.

Ao comprar roupa de cão, é claro que é importante que caiba bem. Não deve restringir a liberdade de movimento do cão e deve ser respirável, para que o cão não sobreaqueça. Os saltadores ou casacos que andam à volta da barriga não devem arrastar-se no chão, caso contrário ficarão molhados e o cão ficará hipotérmico. Roupa demasiado apertada irá naturalmente irritar. Com roupa quente, o foco deve ser a cobertura do tronco, porque é aí que se encontram os órgãos vitais. Não é uma coisa má se a extremidade traseira estiver exposta, isto não incomoda o cão e não impede que o saltador ou o pelo seja agradável e quente.

A roupa não deve fazer qualquer barulho quando o cão está em movimento. Isto é especialmente importante com o vestuário para a chuva. Os cães, como sabem, têm um sentido de audição extremamente bom. Roupas a rufar é extremamente desagradável para um cão. Os acessórios para tilintar ou mesmo os sinos não são apropriados para a espécie e nenhum cão gosta de os usar.

Finalmente, algo sobre vestir a roupa do cão: Esteja preparado para que o seu cão não fique muito entusiasmado com isso no início. Pode até ter medo da roupa nova. Depois de ter lavado a roupa nova, deve familiarizar o cão com a peça de vestuário. Deixe-o farejar e elogie-o por isso. Também não se deve poupar a elogios e guloseimas quando se veste o cão pela primeira vez. O cão deve compreender que é algo realmente fantástico usar a roupa.

Características especiais em Formação de cachorros

Elps são muito diferentes dos cães adultos e há algumas coisas a ter em mente. No entanto, se prestar muita atenção ao comportamento do cachorro durante as primeiras semanas e meses, lançará uma grande base para o treino posterior de um cão adulto. No entanto, como dono, também deve estar ciente de que um cachorro, como uma criança humana, comete erros, não é razoável e tem de aprender muitas coisas várias vezes antes de as compreender realmente. É por isso que o primeiro objectivo não é obter um cão perfeitamente comportado através do treino do cachorro, mas sim construir uma ligação estreita entre si e o cachorro. Uma boa formação vem depois. No entanto, isto não significa que não deva fazer um esforço para começar a treinar o seu cão como um cachorro. Ao introduzir o cão a determinadas situações e regras através de um treino lúdico numa idade precoce, não só se cria a base para um comportamento posterior, como também se pode evitar medos e inseguranças. Se o seu cão tiver contacto regular com pessoas desconhecidas, cães e situações como um cachorro, ele será mais capaz de lidar com situações desconhecidas como um adulto. O envolvimento com o cão também intensifica a relação e o seu amigo de quatro patas aprende a confiar em si. Isto não só dá ao seu cão a oportunidade de se habituar a si e à sua nova situação de vida. Também se conhece o carácter do cachorro, porque, tal como as pessoas, cada cão tem a sua mente, as suas preferências e coisas de que simplesmente não gosta.

Mesmo um cachorro pode compreender e interiorizar algumas regras básicas, mesmo que tenha a certeza de ter um percalço de vez em quando. O capítulo seguinte explica as lições mais simples e mais importantes que definitivamente deve treinar com o seu cachorro.

REQUISITOS PARA O CACHORRO

Se decidir acolher um cachorro, isto não deve, evidentemente, ser feito num impulso, mas após cuidadosa consideração e apenas se todos os membros do agregado familiar estiverem de acordo. Assim, tem também tempo suficiente para se preparar para a chegada do cachorro e para criar as condições necessárias. Portanto, vamos primeiro às coisas que deveria ter feito antes do dia da mudança.

A primeira coisa que deve fazer é visitar o seu veterinário. Certifique-se de que escolhe um veterinário em que pode confiar e de que se inscreve antecipadamente para que os cuidados de saúde do seu cão sejam assegurados desde o início. Certifique-se de descobrir de onde tirou o seu cão, se ele foi vacinado e contra o quê, e passe esta informação ao veterinário. Se o cão ainda não estiver microchipado, é legalmente obrigado a que seja lascado por um veterinário.

A seguir, vale a pena manter os olhos abertos para uma escola de cães ou treinador. Certifique-se de os conhecer com antecedência e de que se sente confortável com os seus métodos de treino.

A próxima coisa a fazer é assegurar o espaço de vida. Se ainda não tem um cão a viver consigo, há algumas coisas que precisa de considerar. Não deve haver plantas venenosas ao alcance do cão. É claro que nenhum objecto pontiagudo ou de arestas vivas deve representar um perigo para o cão. Os cachorros gostam de mastigar e, especialmente no início, um cachorro não diferenciará quais os objectos que pode mastigar e quais os que não pode. Isto aplica-se tanto a sapatos caros como a cabos. Tudo o que está ao alcance do cachorro e pode ser interessante para ele de alguma forma está potencialmente em risco de cair vítima até aos seus dentes.

Uma vez assegurado o espaço de habitação, pode sair e obter o equipamento básico para o seu novo companheiro de quarto. Isto inclui uma tigela de comida e uma tigela de água, claro. Certificar-se de que são fáceis de limpar. As combinações de tigelas com uma base são também práticas para que a água e os alimentos derramados não acabem no chão. É claro, o cão também precisa de comida. O ideal seria que descobrisse que comida o seu cão foi alimentado até agora e lhe desse primeiro esta comida. Uma mudança súbita dos alimentos, especialmente em combinação com o stress da mudança, pode levar a problemas digestivos. Mais tarde, pode habituar gradualmente o seu cão a um alimento diferente. Também pode fornecer algumas guloseimas de fácil digestão. Também são necessárias uma trela, uma coleira ou arnês, uma linha de reboque e um local para dormir. No Capítulo 3, já aprendeu o que procurar ao comprar estas coisas. Dependendo da raça do seu cão, podem ser necessários acessórios especiais para o asseio. Um cão também precisa de brinquedos. Certificar-se de que os brinquedos são de boa qualidade e adequados para cães.

Claro que há dezenas de outras compras mais ou menos úteis para um cão. Mas também pode decidir que outras coisas precisa depois do cão se ter mudado para cá.

É importante que todos os membros da família concordem com a aquisição de um cão e estejam preparados para aceitar as mudanças que o acompanham. Desde o início, deve acordar algumas regras de conduta, regras da casa, por assim dizer, e todos os colegas de casa devem aderir a estas regras de forma consistente. Se concordarem que o cão não pode entrar no sofá, não pode acontecer que um de vós ultrapasse esta regra e permita que o cão salte para o sofá, afinal de contas. Isto causa confusão para o cão e faz mais mal do que não o permitir no sofá. Certifique-se de que todos compreendem que os cães não devem ser alimentados a partir da mesa e que não devem ser feitas excepções. Deve haver também um consenso geral sobre palavras de comando e sinais manuais. Trabalho de mãos dadas, isto é o melhor tanto para si como para o cão.

Agora pode chegar o dia da mudança para cá. Certifique-se de que não tem mais nada planeado para esse dia, pois deverá poder dedicar-se totalmente ao novo membro da família. Na melhor das hipóteses, pode tirar alguns dias de folga ou trabalhar a partir de casa. Embora este dia seja certamente muito excitante e o novo cão seja muito bonito, é importante não sobrecarregar o cão com ruídos estrondosos ou comportamento intrusivo. O seu novo colega de quarto ficará muito mais sobrecarregado com a situação do que você e todos os membros da sua família precisam de ser atenciosos a este respeito. Muitos cães precisam de paz e sossego após a sua chegada e querem recuar. Mostrar ao cão o seu lugar de dormir e deixá-lo descansar, se ele quiser. Outros cães querem explorar primeiro o seu novo ambiente. Deve também dar-lhe o tempo de que necessita para isso. Basta ficar de olho no cão e certificar-se de que ele não se põe em perigo. Se tiver um grande apartamento ou casa, é melhor manter algumas portas fechadas no primeiro dia e assim reduzir inicialmente o novo ambiente que o cão pode explorar. Isto evita que o cão fique sobrecarregado. Em vez disso, ele pode explorar a sua nova casa passo a passo.

Um caso especial é quando já se tem um cão e se tem um segundo cão. Depois é importante que os dois cães se encontrem primeiro em terreno neutro, ou seja, fora do espaço de vida. Isto evita que o primeiro cão sinta que tem de defender o seu território contra o segundo cão. Certifique-se de que o seu primeiro cão não se sente negligenciado, caso contrário ele poderá reagir com ciúmes.

É também muito importante que cada cão tenha o seu próprio local de dormir para onde possa refugiar-se a qualquer momento. Não forçar os cães a partilhar uma tigela de comida e água. Isto leva a discussões ou mesmo a que o cão inferior não receba comida suficiente. Cada cão precisa da sua própria tigela de água e da sua própria tigela de comida.

AS PRIMEIRAS SEMANAS E MESES

Uma vez terminada a excitação inicial, pode encarregar-se de aclimatar o seu novo membro da família. Isto inclui, por exemplo, a familiarização do cachorro com as coisas quotidianas desde o início. Uma vez que os cães têm muito bons ouvidos, deve-se ter cuidado com os ruídos do dia-a-dia que possam assustar o cão, para não o assustar. Isto é importante para que o seu cão não desenvolva medo desse som e passe o resto da sua vida com medo do aspirador de pó ou do secador de cabelo, por exemplo. Proceda gradualmente e preste atenção à reacção do cão. Recompensar o cão quando o som é ouvido, para que ele tenha uma associação positiva com o som. Interromper o exercício se ele mostrar sinais de medo, tais como aconchegar a cauda ou achatar as orelhas.

Pratique também que o seu cão está disposto a ser tocado. Faça-lhe festas, apanhe-o e toque-o em locais que normalmente não lhe fazem festas, tais como a base da cauda e as patas. É importante que o seu cão o deixe tocar-lhe em todo o lado para que as visitas posteriores ao veterinário não se tornem um calvário. Proceda sempre com sensatez e não sobrecarregue o seu cão.

Um cão também deve conhecer e poder conduzir um carro, porque mais cedo ou mais tarde terá de transportar o seu cão no carro. Alguns cães são propensos a náuseas quando se está no carro. Nesse caso, certifique-se de que o habitua lentamente a estradas mais sinuosas e comece com pequenos passeios de carro.

Uma forma segura de ganhar o afecto do cão é ser aquele que o alimenta. Se vive numa comunidade com várias pessoas, é útil revezar-se na alimentação para que o cão possa construir uma relação positiva com todos. Envolver também todos os companheiros de casa em formação e caminhada.

No início, pode ser muito útil se se pensar num horário diário. Isto irá dar-lhe a si e ao seu cão uma certa rotina.

Comece com horários de alimentação regular. A alimentação deve ter lugar à mesma hora todos os dias. Estabelecer um lugar fixo para as tigelas de comida e água e alimentar sempre ali o cão.

Passear o cão regularmente. Se tiver acolhido um cão adulto, então três caminhadas por dia são normalmente suficientes. Os cachorros precisam de se aliviar com muito mais frequência. Os cães muito jovens ainda não podem andar muito tempo e não devem ser passeados por mais de 15 minutos. Permita que o seu cachorro faça os seus negócios no exterior após cada refeição, sempre depois de se levantar, também após as sestas e antes de ir para a cama. No entanto, por muito que tente, no início o seu cachorro pode não ser capaz de conter a sua vontade de urinar durante tempo suficiente. Em vez de o repreender, é muito melhor elogiá-lo quando ele faz os seus negócios lá fora.

Planear uma certa quantidade de tempo todos os dias para treinar o cachorro. Uma vez que isto também depende de quando o cachorro está receptivo, é suficiente agendar sessões de treino fixas antes dos horários de alimentação.

Na hora de dormir, é importante que não mantenha o cão acordado com estímulos, mas leve-o calmamente para a sua cama e deixe-o em paz. Se o seu cão estiver ansioso, pode falar com ele com uma voz calma.

AS FASES DE DESENVOLVIMENTO DOS CACHORROS

Para ter a empatia necessária para a fase de desenvolvimento actual do cachorro e para agir adequadamente, são necessários conhecimentos básicos acerca das capacidades que o cão já possui na respectiva idade. Nesta secção aprenderá as coisas mais importantes sobre as fases de desenvolvimento dos cachorros no primeiro ano de vida.

A fase neonatal:

Os cachorros nascem com os olhos fechados. Nas primeiras duas semanas ainda estão muito desamparados, porque a sua audição e sentido de olfacto também só se desenvolvem plenamente após o nascimento. Os cachorros recém-nascidos permanecem sempre em contacto com a sua mãe e não fazem muito mais do que beber e dormir. Se alguma vez lhe for permitido acompanhar esta fase de um cão, tenha cuidado para não interferir demasiado com o comportamento natural da mãe e dos seus cachorros.

A fase de transição:

A fase de transição na terceira semana de vida é curta, mas muito importante para o desenvolvimento físico do cachorro. Os olhos abrem-se, mas a visão não se desenvolve até ao 17º ou 18º dia. A audição desenvolve-se, de modo que os cachorros percebem cada vez mais impressões do seu ambiente. Os primeiros dentes também começam a crescer. Os dentes de leite dos cachorros são muito afiados, por isso não se assuste se um cachorro mordiscar na sua mão e picar um pouco. Agora os cachorros podem aprender lentamente o contacto com as pessoas ao serem acariciados.

A fase de socialização:

Durante esta fase, os órgãos sensoriais do cachorro estão completamente desenvolvidos e torna-se visivelmente mais activo. Como resultado, esta fase tem uma relevância particularmente elevada para o desenvolvimento posterior. As experiências que o cachorro faz entre a quarta e a décima segunda semana moldam-no para o resto da sua vida. Em alguns cães, a fase de socialização dura até à 16ª semana. No início desta fase, os cachorros ainda estão a explorar destemidamente o seu ambiente e ficam espantados com as primeiras impressões sensoriais das suas vidas. A partir da sétima semana, desenvolvem uma consciência do perigo e tornam-se mais cautelosos nas suas explorações. Por esta razão, o cachorro deve ser exposto ao maior número possível de estímulos antes da sétima semana. Naturalmente, não deve ser sobrecarregado.

Os criadores costumam dar os seus cães nesta fase de desenvolvimento, geralmente na oitava semana. Assim, o seu cão fica no meio da fase de socialização. Ao expor o seu cachorro a muitos estímulos desconhecidos no início, cria uma boa base para ter mais tarde um cão sem medo. No entanto, o cachorro ainda é um bebé e precisa de muito sono e descanso.

A fase juvenil:

Com cerca de quatro meses, o jovem cão jovem começa a ter os seus dentes. Os dentes de leite são substituídos pelos dentes adultos. Sabe-o certamente a partir do desenvolvimento humano. O cão entra lentamente na puberdade e certamente testa os seus limites de vez em quando. Ele faz isto para estabelecer a sua posição social e para compreender as regras de comportamento do seu ambiente. Seja consistente, caso contrário acabará com um cão mimado que não está disposto a obedecer às suas ordens. Como sempre, com toda a consistência, a interacção amorosa e empática é também essencial. O cão não significa qualquer mal se cruzar uma linha. Está na sua natureza e é um passo importante para o crescimento.

Muitas vezes o cão pubescente passa por uma segunda fase de ansiedade. O seu cepticismo em relação a estímulos desconhecidos aumenta e ele percebe-os mais rapidamente como uma ameaça. A sua tarefa como dono é guiar amorosamente o cão através de tal fase de ansiedade e mostrar-lhe repetidamente que ele não tem de ter medo.

Consoante a raça, a fase juvenil dura até cerca de seis meses.

A fase da adolescência:

Por volta do sexto mês, começa a fase da adolescência para o jovem cão. Nesta fase de desenvolvimento, a maturidade sexual do cão instala-se. Os cães machos começam a levantar a perna e as cadelas vão para o cio pela primeira vez. O cão está agora completamente na puberdade. Isto pode ser bastante stressante para si como proprietário, porque as hormonas criam um caos semelhante ao dos adolescentes humanos. Não é invulgar o cão esquecer até os comandos mais básicos e ignorar os comandos mais simples. Como sempre, deve ser o mais sensato de vocês dois. A raiva e o stress nunca são úteis no treino de cães, mas são sempre contraproducentes. Por mais cansativo e frustrante que seja quando o seu cão de repente deixa de o ouvir, aguente-se, porque esta fase também tem um fim.

AS PRIMEIRAS LIÇÕES

Um cão deve não só conhecer certos comandos, mas também compreender algumas regras básicas de comportamento. Isto torna a convivência muito mais fácil e também reforça a ligação entre o homem e o cão. O seu cachorro deve aprender os seguintes comportamentos nas primeiras semanas e começar a internalizá-los.

Formado em casa

Não tenha ilusões. Um jovem cachorro terá um ou dois percalços dentro do espaço de vida. Ele ainda não consegue controlar a sua vontade de urinar correctamente. Não se deve segurar um tal contratempo contra o cachorro, mas ajudá-lo a tornar-se treinado em casa desde o início. Muitos cachorros não conseguem controlar devidamente a bexiga e o intestino até aos quatro meses de idade. Isto pode variar de cão para cão. Mesmo um cachorro mais velho pode ter um percalço de vez em quando quando, quando está muito excitado.

Treinar cães para serem treinados em casa funciona normalmente muito bem se se mantiverem fiéis a algumas regras simples. Não é apenas no seu interesse, mas também no interesse do cão, que ele não se solte no espaço vital. Com um cão adulto, é suficiente passear três vezes por dia. No entanto, com um cachorro, isto é necessário com muito mais frequência. Deve sempre levar o cachorro para fora depois de ele ter comido ou bebido. Isto é óbvio. Além disso, quando o cachorro acorda, seja de manhã ou depois de uma sesta diária, deve ser-lhe dada a oportunidade de se aliviar a si próprio. Mas há outras ocasiões para levar o cachorro para fora que requerem a sua atenção. Por exemplo, se o cachorro estiver muito excitado ou a farejar o chão, isto pode ser um sinal de que ele precisa de ir. Rodar à volta ou esperar fora da porta da frente também pode ser um sinal desse tipo. Tome nota dos lugares onde o cachorro se soltou dentro do espaço habitável, porque se ele for a esses lugares novamente, isso também pode significar que é melhor levá-lo para fora. Se apanhar o cachorro em flagrante e ele estiver agachado para fazer o seu negócio, tente levá-lo imediatamente para fora. Não o repreenda, mas leve-o para fora sem comentários. Quando o cachorro deixa sair as últimas gotas lá fora, elogia-o efusivamente por o ter feito. A propósito, não vale a pena repreender o cachorro se ele for para dentro de casa. É muito mais eficaz elogiá-lo quando ele consegue fazer os seus negócios lá fora. Pode descobrir que acabou de voltar de um passeio em que o cachorro não se desentupiu. Em vez disso, recém-chegado a casa, ele fá-lo no tapete. Por mais irritante que isto possa ser, tenha em conta que não se pretende que isto seja mau ou malicioso. Os cães jovens, em particular, ficam muitas vezes muito excitados quando saem para passear e demasiado distraídos para se desengatarem. Isto, por vezes, só volta para si quando está de volta à segurança da sua casa. Ao limpar o percalço, é melhor usar um produto de limpeza especificamente concebido para este fim. Não utilizar produtos de limpeza que contenham amoníaco, tais como limpadores de vinagre, pois isto pode encorajar os cães a soltarem-se novamente naquele local. É possível encontrar produtos de limpeza adequados em materiais para animais de estimação que não têm este efeito porque não contêm quaisquer fragrâncias correspondentes.

Manuseamento de trela

Ao ensinar o seu cão a andar sensatamente com trela, está não só a fazer algo de bom para a saúde do seu cão, mas também para si próprio. O puxar constante da trela pode causar problemas de saúde para o cão. Se usar um colarinho, a pressão constante na zona do pescoço pode levar a uma inflamação da laringe. Se um arnês for usado, o padrão natural de marcha pode ser alterado e, como resultado, o desconforto pode ocorrer. É óbvio que um cão que puxa constantemente a trela também pode ser muito stressante para si como dono. Portanto, comece a ensinar o cão a andar com trela numa idade precoce. Também não subestime a inteligência dos cães, porque este erro leva frequentemente a que os cães puxem a trela, embora aos olhos dos donos devesse conhecer melhor. Muitas vezes os cães estão convencidos de que puxar a trela é uma forma comprovada de chegar a um destino rápida e eficazmente. Fizeram a experiência de que se puxarem numa determinada direcção, o proprietário irá segui-los e assim alcançarão o seu objectivo. O facto de, como dono, deixar o seu cão conduzi-lo numa direcção acontece muitas vezes de forma bastante subconsciente, porque também quer permitir que o seu cão explore os arredores, ou talvez queira ir nessa direcção de qualquer forma. Esteja ciente deste perigo, porque assim poderá trabalhar activamente contra o cão chegando à conclusão de que puxar a trela é uma boa forma de alcançar os seus objectivos.

Como sempre quando treina com o seu cão, deve começar num ambiente que ofereça o mínimo de estímulos externos possível, por exemplo a sua própria sala de estar ou jardim. Isto ajuda o cão a concentrar-se no exercício. Para exercícios na sua própria casa, também pode usar uma trela doméstica. O primeiro passo não é ainda ter o cão a passear perfeitamente ao seu lado, mas sim chamar a sua atenção enquanto ele está com trela. Por isso, trela o cachorro e fala brevemente com ele para obter a sua atenção. Depois andar alguns passos, certificando-se de que a trela se mantém solta. Se a atenção do cão permanecer consigo, recompense-o.

No segundo passo, estende este exercício. Depois de o ter elogiado, o cão provavelmente voltará a sua atenção para outras coisas e começará a puxar a trela. Se o fizer, volte a atrair brevemente a sua atenção, então vire-lhe as costas e ignore-o até que a trela relaxe novamente. Se o cão estiver novamente atento, pode elogiá-lo. Agora também pode introduzir uma palavra-sinal, por exemplo "calcanhar".

Com este simples exercício de atenção, pode então aumentar a dificuldade passo a passo. Treinar em lugares que ofereçam mais distracções e dar mais e mais passos até recompensar o cão. Se conseguir chamar a atenção do seu cachorro em qualquer altura e ele consequentemente soltar o puxão da trela, criou a base para uma boa habilidade de caminhar com trela no cão adulto.

Sozinho em casa

Mais cedo ou mais tarde, um cão terá de ficar em casa sozinho. Para tornar esta situação tão confortável e sem ansiedade quanto possível para o cão, deve treiná-lo para ficar sozinho antes de o deixar sozinho durante um período de tempo mais longo. No entanto, tenha em conta que mesmo os cães adultos que podem ficar bem sozinhos não devem ser deixados sozinhos em casa por mais de seis horas por dia.

Para um cachorro, mesmo alguns minutos sozinho pode significar um enorme stress. Comece os exercícios deixando a sala onde se encontra o cachorro durante alguns segundos. Só isto pode ser extremamente difícil nos primeiros tempos, porque o cachorro vai querer segui-lo para onde quer que vá. A única coisa que ajuda é alternar entre salas diferentes até o cão perder a diversão de o seguir ou precisar de uma pausa. Não se preocupe, os cachorros também precisam de muito sono e descanso. Sempre que deixar o cão para trás, abstenha-se de dizer um adeus elaborado, pois este comportamento sinaliza ao cão que um evento especial está prestes a ter lugar e aumenta o seu estado de excitação. Em vez disso, saia da sala de uma forma descontraída e calma. Quando regressar, deve também abster-se de uma saudação exuberante. Isto pode ser muito difícil quando se é saudado por um cãozinho excitado, mas ao manter a calma, está-se a fazer bem ao cão a longo prazo. Não é preciso ignorar completamente o cão, mas uma saudação calma e frenética deve ser suficiente.

Para os primeiros exercícios de saída da sala, ainda não é necessário fechar a porta atrás de si, basta que o cachorro já não se encontre na mesma sala e que o contacto visual seja quebrado. No passo seguinte, fecha-se então a porta atrás de si. Antes que o cachorro possa começar a choramingar, abra novamente a porta imediatamente depois de a fechar. Desta forma, não há medo do fecho da porta. Depois de ensaiar isto durante algum tempo, pode continuar a prolongar o tempo em que a porta permanece fechada. Não é improvável que o cachorro chore, gema ou ladre inicialmente quando está sozinho na sala para atrair a atenção. Não deve recompensar este comportamento, dando-lhe a sua atenção. Em vez disso, espere até que ele se acalme e o recompense por isso. Com o tempo, depois de ter fechado a porta atrás de si, pode também deixar o apartamento brevemente. Ao deixar o apartamento, há algumas coisas a ter em mente para evitar colocar o cão sob stress desnecessário. Deixar a casa envolve normalmente certos rituais, tais como calçar os sapatos e o casaco e colocar a chave. Certifique-se de variar estas actividades para que o cão não reconheça um padrão que anuncia a sua partida mais cedo, caso contrário ele pode ficar nervoso antes mesmo de você ter saído de casa. Por exemplo, saia sem casaco ou simplesmente calce os seus chinelos em vez dos seus sapatos normais.

Pode aliviar a situação stressante de estar sozinho para o cachorro, tornando-o o mais confortável possível. Deixar o cachorro apenas numa sala onde tenha um lugar familiar para se refugiar. Alguns cães são propensos a comportamentos destrutivos quando estão stressados e mastigarão móveis, arames e sapatos para aliviar o seu stress. Deixe muitos brinquedos e mordidelas para o seu cão. Isto permitir-lhe-á aliviar o seu stress e manter-se ocupado enquanto estiver sozinho.

A questão de quanto tempo pode deixar o seu cachorro com que idade não pode ser respondida de uma forma geral. No entanto, é verdade que um cão muito jovem deve ser deixado sozinho durante o menor tempo possível e os cães adultos também não devem ser deixados sozinhos durante mais de seis horas por dia.

OS PRIMEIROS COMANDOS

Como já foi mencionado, não se deve esperar que o seu cachorro domine todos os comandos sem falhas numa idade muito jovem. Os cachorros, tal como as crianças humanas, não conseguem concentrar-se durante muito tempo e são facilmente distraídos. Não o segure contra o cachorro, porque isso pode prejudicar a relação entre si. Ser paciente e repetir o treino dos comandos em sessões regulares e curtas de treino. Certifique-se também de que tudo se passa de uma forma descontraída e lúdica, porque o seu cão também se deve divertir com os exercícios. Como é frequentemente o caso: "O caminho para o coração de um cão é através do seu estômago". No entanto, por favor, não alimente demasiado o seu cão com guloseimas pouco saudáveis e demasiado grandes; não estará a fazer nenhum favor a ninguém ao fazê-lo. Em vez disso, use pequenos lanches de treino com baixo teor de gordura que saibam bem ao seu cão e não lhe prejudiquem a saúde. Se quiser iniciar uma sessão de treino, certifique-se de que o seu cão está receptivo. Um cão cansado, hiper, ansioso ou recém alimentado torna difícil um parceiro de treino. Se o seu cachorro estiver a descansar ou mesmo a dormir, espere até que ele esteja acordado e descansado. Se o contrário for o caso e o seu cachorro estiver muito hiperactivo neste momento, então pode remediar a situação com uma pequena caminhada. Em situações desconhecidas ou stressantes, terá dificuldade em se aproximar do seu cachorro. Estas situações não são de todo adequadas para a prática de novos comandos. Em vez disso, deve concentrar-se em ensinar o cão a lidar bem com a situação. Também pode ser difícil conseguir a atenção do seu cão pouco tempo depois de se alimentar, pela simples razão de que ele está menos interessado nas recompensas se não tiver fome. É por isso que é uma boa ideia ter uma pequena sessão de treino antes de cada refeição.

Os seguintes comandos são indicações básicas que mais cedo ou mais tarde cada cão deve dominar.

"Sentar"

O comando "Sit" é uma excelente introdução ao treino de comando porque é fácil para o cachorro compreender e implementar e, ao mesmo tempo, fácil para si como dono ensinar. Assegure-se de que o seu cão está alerta e receptivo. Depois segure uma guloseima em frente do focinho do seu cachorro e deixe-o cheirá-la brevemente. Depois mover a mão com a guloseima para cima e em direcção às costas do cão. Isto enganará o seu cão, porque ele seguirá a guloseima com o seu focinho e sentar-se-á automaticamente. É melhor introduzir um sinal de mão, para além do sinal sonoro. Por exemplo, um dedo indicador esticado é adequado para tal. No momento em que o cão se move para a posição sit enquanto segue a guloseima com o nariz, diz o comando "Sit!" e recompensa-o imediatamente com a guloseima. A recompensa imediata é importante porque só então o cão associa o comando a sentar-se.

Figura 2: Sinal visual "Sit

É assim que o cachorro aprende o comando "Sit!

- Os cachorros jovens que ainda não tiveram qualquer experiência com exercícios de aprendizagem compreendem os comandos "Sentar" e "Abaixar" muito rapidamente.
- Para "Sentar", tomar uma guloseima entre o polegar e o dedo médio.
- Mover a mão com a guloseima para cima para além do seu nariz.
- Assim que as nádegas se moverem em direcção ao chão, dê o comando "Sente-se!
- Se o cachorro se sentar mas depois tentar ficar de pé nas patas traseiras, o comportamento deve ser parado com um "Não" afiado.
- Quando o cachorro tiver sentado, a recompensa é dada imediatamente.
- Esperar mais tempo de cada vez antes de dar um mimo.

- Após algumas sessões de treino, diga o comando "Sente-se" sem um mimo, pois o cachorro só deve responder ao sinal da mão.

"Lugar"

Após o seu cão ter compreendido o comando "Sit", pode introduzir a palavra "Sit". O princípio aqui é o mesmo, excepto que, neste caso, segura-se a guloseima à frente do seu nariz e depois move-se lentamente em direcção ao chão e ligeiramente para longe dele. Mais uma vez, o cão deitar-se-á automaticamente para se manter em contacto com a guloseima. Assim que ele se deitar, diga o comando "Senta-te!" e recompense-o. Um sinal de mão comum é a mão colocada no chão.

É assim que o cachorro aprende o comando "Sit!

- Uma vez que o cão tenha assentado no seu lugar ou cobertor, pode acariciá-lo enquanto diz "Sente-se" vezes sem conta. Desta forma, associa a palavra "sentar" a uma experiência positiva.
- Assim que repara que o cachorro está cansado, atrai-o para o seu cesto, por exemplo, com uma guloseima. Se ele se deitar no cesto, repete a palavra "Sentar".
- Depois de repetir este exercício durante algum tempo, o passo seguinte é tentar enviar o cachorro para o seu cobertor ou cesto apenas dizendo a palavra "sentar". Se isto acontecer sem mais problemas, então um grande elogio é devido.

Figura 3: Sinal visual "Lugar

"Esperar"

O comando "Wait" é importante para a segurança do cão e pode, por exemplo, impedi-lo de correr para uma estrada movimentada se a trela escorregar. Para aprender "Esperar", o seu cão deve ter dominado o comando "Sentar". Deixe o seu cão sentar-se. Em vez de o recompensar directamente, mostre-lhe o plano da sua mão e diga o comando "Wait". No início, esperar apenas alguns segundos e depois recompensá-lo com a guloseima se ele tiver permanecido sentado obedientemente. Aumente gradualmente o tempo que faz o seu cachorro esperar até que ele compreenda o comando. Depois pode estender o comando e, enquanto deixa o cão sentar-se e esperar, afastar-se lentamente dele, sempre de frente para ele. Só quando isto funcionar sem falhas deverá virar-lhe as costas enquanto o faz esperar, caso contrário ele poderá interpretar isto como um término do exercício e interromper a sua espera.

"Vem cá"

Pode começar a treinar o comando "Vem cá" de duas maneiras, o que também pode ser feito em paralelo. Em primeiro lugar, observa o seu cachorro durante algum tempo, até que ele lhe corra para si por sua própria iniciativa. Normalmente isto nunca demora muito tempo, porque, em primeiro lugar, o cachorro procura sempre a proximidade do seu cuidador e, em segundo lugar, o mais tardar quando repara que está a observá-lo, correrá para si puramente por desinteresse. Depois basta chamar "Vem cá!" e fica feliz com a vinda do cão. Pode também recompensá-lo com um mimo.

O outro método é ligar a formação com o comando "Esperar". Para isso, o cachorro já deve estar confiante na implementação de "Esperar". Deixe o cachorro esperar e afaste-se um pouco dele. Depois chamar "Vem cá!" e recompensá-lo com um mimo quando ele vier.

É essencial treinar para vir aqui também fora da sala de estar. Quando estiver por aí, inclua sempre este comando.

"Fetch"

Recuperar também envolve a entrega da sua "presa" pelo cão. Esta parte do exercício faz sentido. Afinal de contas, nem sempre é necessário reagir com uma proibição severa "fora" quando o seu cão tem algo na sua presa que você quer tirar-lhe. Tente uma troca.

Ofereça um mimo ao cão e diga "pousa-o". O seu cão é livre de decidir se aceita ou não a guloseima. Se ele quiser tomá-lo, terá de pousar o que tem na boca. Dar ao cão a guloseima e alcançar imediatamente o objecto de troca. Sob nenhuma circunstância o seu cão deve ter ambos.

Figura 4: Sinal visual "Off

"Calcanhar"

Quando o seu cão estiver confiante no "calcanhar", deixe-o andar consigo sem trela em locais onde é permitido. Pode praticar o "calcanhar" segurando uma guloseima na mão esquerda durante o passeio e deixando o cão cheirá-la à medida que caminha. Ele caminhará automaticamente ao seu lado, após o que você diz "Calcanhar" e recompensa-o.

GRUPOS DE BRINCADEIRAS DE CACHORROS

O conceito de um grupo de brincadeiras de cachorros, no qual muitos cachorrinhos fofinhos diferentes são reunidos e podem brincar e brincar juntos, soa como uma grande ideia no início. Na realidade, porém, é visto de forma crítica por muitos peritos. Há muitas razões para isto e são apresentadas a seguir. No final, cabe-lhe a si decidir se quer participar num grupo de brincadeiras de cachorros com o seu cachorro. Em qualquer caso, contudo, também deve lidar com vozes críticas com antecedência e depois tomar a sua decisão.

Por um lado, existe o nível biológico. Ao contrário do que se poderia pensar, não é de todo natural como os cachorros se juntam nestes grupos de brincadeiras. As embalagens consistem em animais que estão relacionados entre si e que vivem juntos toda a sua vida. Nos grupos de brincadeiras de cachorros, nem um nem o outro é o caso. Lá, juntam-se cães que não estão relacionados entre si, que normalmente não se conhecem fora do grupo de brincar e que certamente não vivem juntos.

Além disso, a situação do grupo de brincadeiras, onde o cachorro brinca de forma selvagem com muitos outros cães, pode influenciar negativamente o treino. Com certeza, um cachorro dificilmente conseguirá concentrar-se nas chamadas e comandos do seu dono quando está rodeado por outros cães jovens. Ele pode então transferir esta incontornabilidade para outras situações da vida, tornando-lhe geralmente mais difícil conseguir a atenção do seu cão quando conhece outros cães.

Ouve-se frequentemente o argumento de que os cães, sendo criaturas muito sociais, precisam de contacto regular com conspecíficos. Isto é absolutamente correcto. Mas não é correcto que para isso seja necessário um grupo de brincadeiras de cachorros. O cão é o animal de estimação mais popular dos Alemães. Assim, pode conhecer outros cães em quase qualquer ambiente residencial e assim proporcionar ao seu cão contactos sociais que têm lugar fora de tal grupo lúdico. Mesmo que viva numa área muito remota ou se quase não houver cães bem socializados no seu bairro, existem outras formas de deixar o seu cão brincar com outros cães. Os parques infantis para cães são muito difundidos e facilmente acessíveis a partir de quase qualquer lugar. Aí poderá conhecer outros cães em condições que definir.

O último ponto é muito importante: o potencial de lesão. A maioria dos grupos de brincadeiras de cachorros são geridos por pessoas experientes e, no entanto, o potencial de lesões não pode ser completamente eliminado. Os cães de muitas raças e origens diferentes juntam-se. Como resultado, alguns cachorros são claramente superiores fisicamente a outros. Isto pode levar a um comportamento agressivo entre os cães. Além disso, algumas raças têm peculiaridades na sua comunicação que podem levar a mal-entendidos entre os cachorros. Os cães grandes podem aprender desde tenra idade que podem dominar fisicamente outros cães. Mais tarde na vida, esta atitude pode colocá-los em perigo se outro cão não quiser aturar este comportamento dominador. Os cães pequenos, por outro lado, aprendem desde cedo que devem defender-se agressivamente contra companheiros de brincadeiras fisicamente superiores a fim de mostrar os seus limites. Mesmo um cachorro muito sobrecarregado ou temeroso pode morder numa reacção de medo.

Edições

Manter um cão, podem sempre surgir problemas. Especialmente se acolher um cão que já é adulto, ele pode já ter internalizado certos comportamentos negativos. Os cães do bem-estar animal podem ter uma história traumática, o que pode levar a problemas de comportamento. Felizmente, não tem de aturar isto, porque os cães adultos também são capazes e dispostos a aprender.

A possibilidade de um cão adulto poder ter comportamentos negativos internalizados não deve dissuadi-lo de considerar adoptar um cão adulto. Por um lado, a maioria dos comportamentos pode ser contrariada e, por outro, há também algumas vantagens se o seu cão já for um adulto. Os cachorros podem ser muito exigentes e precisam de uma enorme quantidade de atenção e cuidado nos primeiros meses de vida. Além disso, os cães que foram acolhidos como cachorros também podem desenvolver estes comportamentos problemáticos se forem cometidos erros na sua educação. Além disso, o carácter de um cão adulto já foi estabelecido, por isso sabe o que está a receber. Isto é muito mais difícil de avaliar com um cachorro. Se possível, conheça um cão antes de o levar para dentro e descubra a sua história.

O CACHORRINHO NA PUBERDADE

Educação e treino do jovem cão

A melhor maneira de treinar o seu cão é com estímulos positivos e encorajamento para o cachorro. Mesmo os cães adultos ainda aprendem desta forma. No entanto, isto pode significar um pouco mais de tempo e trabalho para o dono do cão.

Nos últimos anos, têm sido constantemente desenvolvidos métodos de formação positivos e as técnicas têm melhorado. Neste método de "treino positivo", a confirmação de que o cão demonstrou um comportamento bom, correcto e desejado é combinada ou recompensada com algo afirmativo, como um mimo, um elogio ou um AVC. Na prática, o cão associa então o seu comportamento a emoções positivas e mostrará então este comportamento cada vez com mais frequência. Esta forma de treino tem principalmente vantagens e a ligação entre o ser humano e o cão é reforçada. É fácil de aplicar nos comandos básicos, bem como no treino para se tornar um cão de trabalho.

Um comportamento indesejado não deve necessariamente ser ignorado. Também pode repreender o seu cão, mas não deve ser exagerado ou mesmo de uma forma agressiva. Note, contudo, que só deve repreender o seu cão quando ele se estiver a comportar mal neste momento.

O cachorro aprende melhor quando o que aprendeu é sempre repetido e combinado com novas sessões de treino. Isto significa que repete um e os mesmos comandos durante algum tempo e o jovem cachorro é recompensado por isso.

A puberdade nos cães: Quando a nariz peludo se torna rebelde ...

Não se sente como tal, alcaparras repentinas combinadas com muita actividade, rebelião uma e outra vez e pouco respeito pelo líder da matilha - estes são os "adolescentes pelados"! No entanto, os cães jovens que passam pela puberdade têm muito em comum com o "animal pubescente" humano.

O jovem cão que era "o melhor da classe" e obediente na escola de cães de repente não conhece um único comando, no parque infantil resmunga com outros cães sem razão - não é uma situação particularmente agradável para o dono. Mas tais fases passam com o tempo.

A transição para a "idade adulta" começa após a fase de cachorrinho. A puberdade é facilmente reconhecível pela mudança de dentes, que normalmente tem lugar entre o quarto e o sétimo mês. O cachorro perde agora os seus dentes de leite e os dentes "reais" crescem dentro. A fase de desenvolvimento da puberdade funde-se quase sem problemas na idade adulta, pelo que dificilmente podem ser separados.

Dependendo da raça, a puberdade irá durar mais ou menos tempo e o cão atingirá a maturidade sexual durante esta fase. Como regra, a adolescência começa entre o sexto e o décimo segundo mês. Nas cadelas, o início da adolescência pode ser reconhecido pelo primeiro calor, enquanto os machos levantam as pernas com mais frequência ao urinar. Outro sinal de puberdade é o súbito interesse pelas marcas de outros cães, bem como uma tendência para jogar jogos exploratórios. É durante estes meses - que podem ir até doze meses - que o cão explora os seus limites.

Devido ao stress ou estado nutricional (demasiado gordo/too magro), a adolescência pode ser acelerada ou atrasada em conformidade. A natureza organizou-o de tal forma que o animal só atinge a maturidade sexual quando existem reservas físicas suficientes e os animais se deslocam num ambiente seguro.

No final da puberdade, começam os anos de desenvolvimento até à idade adulta, o que pode levar mais três a quatro anos. Só depois de todo este período ter passado é que o cachorro é um verdadeiro adulto, tanto física como mentalmente.

Esta fase da vida é influenciada pelo aumento do crescimento, pelo desenvolvimento final das características sexuais secundárias e por uma mudança de comportamento ou de humor. Mas o que muda exactamente?

- O meio torna-se mais excitante
- O cão torna-se mais arrojado e afasta-se cada vez mais do seu cuidador.
- O instinto de caça pode aumentar
- Ocorrem características de comportamento típicas da raça
- Desenvolve-se o comportamento sexual
- Mudanças de comportamento de jogo
- O animal reage de forma mais temerosa ou agressiva a situações familiares

Tal como nós, humanos, a mudança não ocorre apenas no comportamento exterior e visível, mas também a estrutura interior é "reconstruída", o que significa que, por exemplo, o cão se desenvolve mentalmente.

A hormona "GnRH", o "Gonadotropin Releasing Hormone", desencadeia a adolescência. Esta hormona promove a libertação de hormonas sexuais e isto, por sua vez, leva à libertação de outros neurotransmissores no cérebro. O próprio comportamento do cão muda cada vez mais de um comportamento "infantil" e emocional para um comportamento adulto e razoável.

O que desencadeia a puberdade do cão?
Durante a puberdade, ocorrem diferentes processos de mudança no organismo, que não só têm um efeito sobre o corpo, mas também provocam a maturação mental. Tais mudanças são listadas abaixo, para que o dono possa compreender melhor o comportamento do seu cão:

Alterações nas células nervosas desencadeadas pelos surtos de crescimento: Para que o cérebro possa trabalhar mais eficientemente com o aumento da idade, as ligações nervosas são "reconstruídas", por assim dizer. As ligações importantes são reforçadas ainda mais e as menos importantes são reduzidas. Tudo isto ocorre principalmente no córtex pré-frontal, a região do cérebro responsável pelos processos conscientes, pensamento e aprendizagem e que permite que a reacção correspondente ocorra.

Portanto, é possível que acções impulsivas possam ocorrer durante a puberdade. Outras áreas, tais como o núcleo de amígdalas, também crescem durante esta fase.

A amígdala é a área do cérebro responsável pelas emoções: medo, agressão ou alegria. Isto também afecta a vida emocional do cão. Ele pode tornar-se um pouco mais imprevisível.

Flutuações hormonais: as duas hormonas testosterona e dopamina causam inquietação no cão, uma vez que a susceptibilidade das células receptoras também se encontra numa fase de mudança. Isto pode significar para o animal que ele se torna mais susceptível ao stress ou é também mais agitado do que antes. O cão reage de forma hipersensível a estímulos externos. Tal como ele reage a circunstâncias que lhe são familiares. Estas são alterações de humor típicas que também são familiares aos adolescentes.

Como se pode reconhecer a puberdade num cão?

Se um cão estiver na fase de puberdade, o dono reconhece isto principalmente pelo facto de o cão também se tornar mais temperamental e reagir de acordo com o seu ambiente. É, até certo ponto, errático. A força da adolescência depende sempre, evidentemente, de cada animal em si, uma vez que cada cão tem características individuais. Basicamente, contudo, pode dizer-se que cada forma de adolescência visa consolidar formas de comportamento adulto.

Quais são as fases dos anos de desenvolvimento de um cão?

Um cão passa por duas fases sensíveis e formativas na sua vida. No início existe a "fase de classificação", ou seja, o tempo entre a décima segunda e a décima sexta semana.

É semelhante à fase de desafio em crianças de tenra idade. A outra fase importante e formativa é a puberdade. Normalmente ocorre entre o sexto e o décimo segundo mês, mas depende da raça do cão. Nas cadelas, o primeiro cio é o primeiro sinal, e nos machos, esta transição de cão jovem para adolescente é bastante fluida. No entanto, um primeiro sinal pode ser que o cão macho levanta a perna ao urinar e começa a marcar. A adolescência diminui lentamente quando o animal é totalmente cultivado entre o segundo e o terceiro ano.

Não se esqueça: passados alguns meses, esta fase também terá terminado.

É também excitante que o cão passe por uma segunda fase de união de pessoas durante a puberdade: use este tempo intensamente e aprofunde a relação com o seu cachorro.

O que é que tem de ter cuidado durante a puberdade do cão?

Para que o nariz peludo passe bem o delicioso período da puberdade, são necessários nervos extremamente fortes, muita paciência e muito amor. Enquanto o jovem cãozinho aceitou-o como seu chefe de matilha sem concessões e conseguiu orientar-se, o meio cachorro só tem uma coisa em mente: fazer-se independente.

O cachorrinho fofinho torna-se então uma cabeça de desafio durante algum tempo. Deve estar preparado para isto se pretende levar um jovem cão para a família.

Os seguintes pontos devem ser observados durante a adolescência do seu cão:

Autoridade: Afirme-se sempre. Embora possa mostrar alguma compreensão para com o cão, nunca deixe os maus hábitos levarem a melhor. Deve permanecer sempre o líder confiante e não impressionado da matilha, com quem o cão se sente confortável mesmo em tempos difíceis. Especialmente se o cão tomar uma direcção incerta neste momento, pode ajudá-lo com a sua segurança. O mesmo se aplica, claro, se ele tiver tendência para ser tumultuoso. Então deve agir adequadamente à situação e não lhe prestar tanta atenção.

Paciência: Alguns cães parecem não se conseguir lembrar do que aprenderam. Ele parece ser lento na aceitação ou a sua reacção deixa muito a desejar quando o chamamos a si. Mesmo que seja difícil, compreender e passar muito tempo com ele. Deixe-o entusiasmado para aprender novamente e actualizar os comandos e truques anteriores ou ensinar ao cão coisas novas - com muito encorajamento e elogios.

Protecção: Tenha em mente - um cão na puberdade muitas vezes julga mal muitos perigos e não conhece nenhum risco. Fique sempre de olho no seu cão e intervenha se o "adolescente" se puser em perigo. Mantenha-o com trela curta se ele começar a ficar rabugento em relação a outros cães.

Durante esta fase deverá evitar - se possível - deslocá-lo para outro lugar ou ensiná-lo com conteúdos de aprendizagem completamente novos.

São novas circunstâncias e condições a que ele tem de se reajustar e que só irá sobrecarregar o cão sensível.

AGRESSÃO DE TRELA

A agressão com trela refere-se ao comportamento que ocorre quando um cão se comporta agressivamente com uma trela. Neste caso, estamos a falar de cães que são agressivos exclusivamente quando estão com trela e se comportam de forma relativamente pacífica quando estão em liberdade. Assim, há uma clara mudança de comportamento que está directamente relacionada com o facto de se estar com trela.

Vejamos primeiro as razões pelas quais uma tal agressão por trela pode ocorrer.

Muitas vezes, a agressão com trela desenvolve-se durante a puberdade, quando o jovem cão começa a testar os seus limites e desenvolve uma vontade própria mais forte. Claro, o cão tem sempre um grande interesse em entrar em contacto com conspecíficos. O dono, por outro lado, tem interesse em que o cão aprenda a andar sobre a trela sem puxar. Estes dois interesses estão em conflito directo um com o outro. O dono, por conseguinte, prende o cão quando este encontra outros cães e espera que ele continue a "calcanhar". Isto leva à frustração no cão, que se pode manifestar em comportamento agressivo. Se o cão mostrar um comportamento agressivo na trela pela primeira vez, isto conduz frequentemente a um círculo vicioso no qual o dono tenta ainda mais manter o cão afastado de conspecíficos e a frustração do cão é ainda maior. Para além da frustração percebida, existe normalmente um condicionamento do cão. A visão de conspecíficos, que anteriormente desencadeavam alegria e interesse, ao longo do tempo, associa-se à frustração e ao stress de ser contido. O resultado é que o cão liberta hormonas de stress e torna-se agressivo à simples vista de outro cão. Isto só acontece quando ele está com trela, porque sem trela ele pode procurar contacto com o seu companheiro, pelo que também não fica stressado ou frustrado.

Outra razão para a agressão da trela pode ser a possibilidade limitada de comunicação sobre a trela. Normalmente, os cães comunicam à distância através da sua linguagem corporal. Para este tipo de comunicação, um cão precisa de um certo espaço, que não tem com uma trela curta. Assim, ele não se aproximaria de facto de um conspecífico de frente, a quem gostaria de enfrentar de uma forma amigável, mas sim de fazer uma ligeira vénia. Outros sinais calmantes são sentar-se ou deitar-se e virar a cabeça para longe. O cão não pode enviar todos estes sinais se for agarrado a uma trela curta pelo dono e for conduzido directamente para o outro cão. Isto conduz inevitavelmente a mal-entendidos entre os cães, porque a abordagem frontal sem apaziguar a linguagem corporal pode ser facilmente interpretada como um gesto ameaçador. O resultado é um comportamento agressivo, pois os cães sentem-se como se tivessem de se defender.

Os cães de rua e os cães provenientes de lares negligenciados geralmente não têm qualquer experiência em andar com trela e, portanto, têm dificuldade em compreender a nova situação desde o início. A restrição da liberdade por si só pode ser um factor de stress, ao qual as limitadas possibilidades de comunicação devem ser acrescentadas. Por conseguinte, deve ser especialmente empático com tais cães quando começa a praticar a marcha com trela.

Então como pode prevenir e contrariar a agressão com trela? Deve começar com um colarinho ou arnês bem ajustado. Se o cão estiver a sofrer ou se sentir desconfortável e restringido por estar com trela, este é o primeiro passo para a agressão com trela e entra no caminho de um comportamento pacífico. A outra pedra angular é a atitude mental do proprietário. Se for stressado pela visão de outros cães ou pessoas, isto será transferido para o cão. Conduza sempre o seu cão de uma forma confiante e segura de si mesmo e dê-lhe uma sensação de segurança. Tente criar um elo positivo na mente do cão que faça com que andar com a trela e conhecer outros cães e outras pessoas seja um acontecimento positivo para ele. Certifique-se de que o cão tem o espaço necessário para comunicar com o outro cão através da linguagem corporal.

O COMPORTAMENTO NATURAL DA CAÇA

É do conhecimento geral que os cães têm um instinto natural de caça. Este instinto está presente em todos os cães em diferentes graus. Já aprendeu no capítulo 1 que as diferentes raças de cães foram criadas para diferentes fins e que, em consequência disso, existem certas tendências a comportamentos típicos de raça. É evidente que os cães de caça têm uma disposição particularmente forte para exibir um comportamento de caça. O comportamento natural de caça não significa necessariamente uma influência negativa na relação com o seu cão. O cão pode actuar este comportamento quando brincam juntos. Torna-se problemático quando o cão já não pode ser chamado assim que o seu instinto de caça é abordado. Um caso comum é o cão que, assim que vê um gato, esquece todos os comandos e bom treino e persegue o gato. Alguns cães até tentam perseguir carros. Mesmo um passeio relaxado na floresta pode tornar-se um verdadeiro factor de stress para o dono se o cão tentar perseguir cada esquilo que aparece. Este comportamento de caça descontrolado não é apenas muito stressante e irritante para o proprietário. O cão também pode colocar-se em perigo real, pois pode ignorar possíveis perigos e correr em frente de um carro em movimento, por exemplo. Para não esquecer, claro, os possíveis problemas que pode ter com o dono do gato do vizinho que está a caçar ou com um guarda florestal se o seu cão não tiver o seu instinto de caça sob controlo. Assim, se sentir que o seu cão perde a sua capacidade de reacção assim que o seu instinto de caça é activado, ou se o seu cão foge mesmo regularmente, então há definitivamente uma necessidade de acção da sua parte.

Estará na melhor posição se impedir o seu cão de desenvolver comportamentos indesejáveis logo desde o início. Treine regularmente a recolha do seu cão para que situações perigosas em que o cão se torna independente não ocorram em primeiro lugar. O seu cão não o deve ouvir apenas depois de ser chamado várias vezes, porque isto é um sinal de que ele desobedecerá ainda mais quando o seu instinto de caça tiver sido abordado. Se o seu cão já tem tendência a ter uma mente mais própria e decidir por si próprio se e quando irá responder a uma ordem sua, é altura de trabalhar para que ele o oiça melhor. Pode praticá-lo deixando claro, por exemplo, quem gere os seus recursos. Só o alimenta quando ele lhe dá claramente a conhecer a sua atenção. Deixar o cão "sentar-se" em frente da sua tigela e depois encher a tigela.

Faça-o esperar até que lhe dê permissão para comer. Desta forma, o cão compreende como é importante que esteja atento e preste atenção às suas ordens, mesmo que o seu interesse esteja realmente noutra coisa, neste caso a comida. Ao jogar, o cão deve também aprender que é você quem determina quanto tempo dura o jogo. Portanto, interromper um jogo de vez em quando, mesmo que o cão queira continuar a jogar. Após alguns minutos, pode continuar o jogo. Se o seu cão tem secções fixas no passeio diário que lhe é permitido passear sem trela, prenda-o uma e outra vez nestas secções. Também ajuda a deixar o seu cão parar em certos pontos e a continuar o passeio só depois do seu sinal. Tudo isto pode evitar que surjam problemas devido ao instinto de caça do cão.

Normalmente, é possível reconhecer os primeiros sinais de comportamento de caça descontrolada numa fase precoce. A caça tem lugar em cães em oito fases. Se for capaz de avaliar quando o seu cão muda para uma postura de caça, tem a oportunidade de intervir a tempo. No entanto, tenha em conta que a criação de cães fez com que o comportamento de caça dos cães hoje em dia já não tenha muitas vezes as oito fases. No entanto, cada cão que tem um forte instinto de caça tem certos sinais que indicam as primeiras fases em que ainda se pode intervir bem. A primeira fase é a localização da presa. Isto envolve muitas vezes as orelhas do cão a animarem-se e a moverem-se em diferentes direcções. O cão também usa o seu olfacto para tentar localizar a sua presa, farejando por aí. A segunda fase é a fixação. O cão pressentiu uma presa e agora fixa-se nela. As orelhas são apontadas numa determinada direcção e o olhar do cão é fixo na mesma direcção. Muitas raças levantam uma das suas patas dianteiras, um comportamento chamado apontamento. Os cães de caça, em particular, tendem a fazer este comportamento, uma vez que assinala ao caçador que o cão avistou um animal de presa. Estas duas primeiras fases são a melhor altura para intervir, por isso, cuidado com tais sinais. Na terceira fase, o cão esgueira-se sobre a presa, entrando frequentemente numa espécie de túnel que torna a sua recuperação muito difícil. Além disso, o cão afasta-se de si nesta altura, o que torna ainda mais difícil a intervenção. A quarta fase é a pressa. O cão salta após a presa. É quase impossível intervir neste momento. Felizmente, muitos cães domésticos não são caçadores bem sucedidos e normalmente não atingem os últimos quatro pontos da caça, o agarrar, matar, rasgar e comer da presa.

Para cães que não têm um forte instinto de caça, os conselhos dados até agora devem ser suficientes para lidar com o seu comportamento de caça. No entanto, alguns cães necessitam de treino adicional. Para cães de caça, todos os estímulos que se movem são, em primeiro lugar, de maior interesse e têm o potencial de desencadear um reflexo para a caça. Portanto, devem aprender a lidar adequadamente com os estímulos em movimento e a ouvir as suas ordens apesar dos estímulos. Neste caso, o comando "Stay" deve ser praticado e reforçado até à perfeição. Quando o seu cão tiver dominado fundamentalmente a "Fica", como descrito no capítulo 3, então poderá prosseguir com um treino mais aprofundado. Saltar para cima e para baixo enquanto o cão espera. No passo seguinte, pode mostrar-lhe um brinquedo e acená-lo. Se o cão ainda se controlar a si próprio, pode atirar o brinquedo e deixá-lo esperar até que lhe seja permitido ir buscá-lo.

Os cães com um forte instinto de caça devem ser autorizados a actuar dentro de um quadro permissível. Os jogos de recuperação com bolas, Frisbees ou paus são adequados para isso. Outros cães preferem jogos de busca onde, por exemplo, se esconde uma guloseima e o cão é então autorizado a procurar por ela. Conheça o seu cão e dê-lhe espaço, permitindo-lhe seguir as suas necessidades naturais. Em geral, o seu cão deve ser submetido a exercício físico suficiente. A subexerção física e mental conduz a problemas de comportamento na maioria dos cães.

COMPORTAMENTO TERRITORIAL

A secção anterior foi dedicada principalmente a cães de caça e cães com um forte instinto de caça. Esta secção é sobre cães que têm uma forte necessidade de guardar e defender um determinado território. Este é um comportamento típico dos cães de guarda, mas também ocorre em outras raças. Poderá ficar surpreendido ao saber que os chamados cães sociais também são propensos a comportamentos territoriais. Isto refere-se geralmente menos a um espaço específico e mais a um território que eles definem em torno do seu cuidador.

O comportamento territorial pode referir-se ao espaço de vida do cão. O cão definiu um lugar que ele entende como o seu território. Ele defende este espaço contra intrusos e sobre este espaço quer ter controlo. No entanto, existem também espaços territoriais que se deslocam em torno de indivíduos específicos. Muitos cães defendem o espaço à volta da sua pessoa de referência contra intrusos ou são pelo menos cépticos quando este espaço é introduzido por estranhos. É claro que o espaço que envolve o próprio cão é também uma forma de espaço territorial. A intrusão indesejada neste espaço pessoal pode levar a uma agressão territorial. Estar consciente de que existem estes diferentes tipos de territórios é importante para compreender o comportamento territorial. De facto, a agressão contra conspecíficos ou estranhos é frequentemente uma agressão territorial, desencadeada por alguém que desrespeita o espaço pessoal do cão. Pode evitar que este reflexo protector seja desencadeado, dando sempre ao seu cão a oportunidade de manter o seu espaço pessoal ao conhecer cães e pessoas estranhas. Não forçar os cães estranhos a encontrarem-se em locais próximos. Se um estranho quiser tocar no seu cão, o seu cão deve ter a oportunidade de evitar ser tocado. Afinal de contas, quer que o seu espaço pessoal seja respeitado, porque deveria ser diferente para o seu cão?

É um pouco mais complicado quando o cão considera que um lugar é o seu território. Na prática, isto significa que mais cedo ou mais tarde alguém entrará na sala e que o cão deve aceitar isto. Por muito compreensível que seja para si permitir que o seu cão decida por si se quer brincar com um cão estranho, é igualmente importante que o seu cão aceite que o espaço vital é da sua responsabilidade e não dele. Aqui, também, é útil colocar-se no lugar do cão. Do seu ponto de vista, nós, humanos, temos pouco controlo sobre o nosso território e permitimos regularmente que estranhos o atravessem. Um exemplo bem conhecido é o carteiro que atravessa repetidamente os limites. Este cruzamento repetido de fronteiras provoca cada vez mais cães territoriais, o que também leva à frequente antipatia dos carteiros. O cão não compreende porque é que o seu território não é respeitado, e eventualmente vê-se a si próprio como tendo de assumir o comando, ou melhor, a pata. Este mal-entendido leva à agressão territorial contra intrusos, porque ninguém mais está a vigiar o território. Assim, a sua tarefa é transmitir ao seu cão que não lhe compete vigiar o território, mas que só você o faz. Tais mal-entendidos ocorrem frequentemente quando o cão é autorizado a "cumprimentar" estranhos primeiro. O que aos nossos olhos é uma saudação do cão aos visitantes é, do ponto de vista do cão, um controlo de admissão. Por mais giro que o cão possa parecer no processo, o que ele está realmente a fazer é decidir se permite ou não que o visitante atravesse a fronteira. Assim, está a transmitir ao cão que é responsável por esta decisão se lhe for permitido saudar primeiro os visitantes. Consequentemente, este privilégio deve ser seu como pessoa responsável. Faça o seu cão esperar num lugar fixo dentro de casa até que tenha recebido o visitante e o tenha convidado a entrar. O seu cão deve então aceitar esta decisão. Se houver uma boa base de confiança entre si e o seu cão, ele não tem razões para se comportar agressivamente. Pode ser útil fornecer ao cão uma distracção excitante para que ele possa abdicar mais facilmente do controlo.

Deve mostrar a sua responsabilidade em todas as situações. Se estiver num novo local com o seu cão, passeie pelo local de forma demonstrativa mas breve. Isto mostra ao cão que está a controlar a situação e que garantiu a segurança conjunta.

INVEJA ALIMENTAR PARA COM OS HUMANOS E OS CÃES

Ao contrário dos comportamentos anteriormente mencionados, a inveja alimentar não é um comportamento que tenha sido deliberadamente criado em cães. Pelo contrário, é geralmente uma forma de medo da perda e da necessidade de assegurar recursos que são essenciais para a sobrevivência.

Muitas vezes a inveja alimentar surge de erros de alimentação. Especialmente se houver vários cães, deve definitivamente certificar-se de que cada cão tem a sua própria tigela de água e comida e um local sem perturbações para comer. Se forçar vários cães a comer da mesma tigela, obriga-os a lutar pela comida e nenhum dos cães será capaz de comer em paz.

Outro erro comum é com os cães que vêm de abrigos para animais. Muitos destes cães tiveram de passar fome em algum momento das suas vidas. Esta experiência leva naturalmente a que o cão tenha uma forte necessidade de garantir a sua comida, porque sabe o que pode acontecer de outra forma.

Por muito compreensível que seja a necessidade de segurança do cão, ainda não é bom se ele se tornar agressivo para com outros animais ou mesmo pessoas assim que alguém se aproxima da sua comida ou osso mastigador favorito. A solução para este problema, contudo, não deve ser que o cão permita que alguém se aproxime da sua comida por medo ou submissão. Em vez disso, deve transmitir ao cão que o seu abastecimento é seguro e que ele não tem de ter medo de ficar sem recursos que são essenciais para a sobrevivência.

Pode ajudar o seu cão a compreender isto. Certifique-se de que pode sempre comer em paz e sem pressas. O local onde a sua tigela é colocada não deve estar numa zona de trânsito e deve ser deixado sozinho durante a alimentação. As crianças pequenas e outros animais de estimação não devem estar perto do cão enquanto ele está a comer. Muitos cães são ajudados por horários fixos em que recebem a sua comida, especialmente se vêm de meios difíceis onde a refeição seguinte não foi assegurada. O local onde a tigela é colocada não deve ser mudado, se possível. Isto fortalece a confiança do cão.

Para que o cão compreenda que não é um concorrente a tentar roubar-lhe a comida, mas que está a fornecer-lhe comida, pode usar um pequeno truque. Ao alimentar, encher a tigela com apenas metade da sua porção no início e reabastecer gradualmente à medida que o cão come. Desta forma, o cão associa algo positivo a alguém que se aproxima da sua tigela em vez de pensar que alguém lhe está a tentar tirar algo.

Se o cão estiver muito fixado em si mas não aceitar outros perto da sua comida, então deixe que outras pessoas alimentem o cão também. Desta forma aprende que outras pessoas também enchem a sua tigela em vez de a esvaziarem quando se aproximam dele.

CONTROLO DE IMPULSOS EM CÃES

Se o seu cão consegue controlar as suas acções e emoções, ele tem um bom controlo de impulso. Este é o caso, por exemplo, quando o seu animal de estimação está a brincar e o chama para si. Agora tem a opção de parar de jogar e vir ter consigo ou de o ignorar e continuar a jogar. Se ele interromper o jogo, é dado um bom pré-requisito para o controlo do impulso positivo, porque se o seu animal de estimação ceder sempre à sua impulsividade e por isso não ouvir quando é chamado de volta, isto pode ser muito desagradável e até perigoso para o seu ambiente e também para o próprio animal. O objectivo do controlo de impulsos é, portanto, garantir que o seu cão não segue um estímulo que acabou de descobrir no calor do momento, mas mostra o comportamento que o ensinou. Tais estímulos podem ser, por exemplo, brinquedos atirados, comida, outros cães ou mesmo caça que foge do cão. Assim, um controlo de impulso bem treinado é muito importante e cada cão deve tê-lo, porque torna a vida entre si e o seu cão muito mais fácil. Porque é que isto acontece? Esta pergunta é bastante simples de responder. Certamente que não quer que o seu amigo de quatro patas persiga subitamente uma lebre ou um veado durante o seu passeio diário. Naturalmente, chama-o de volta e espera que ele o ouça. Se o fizer, tem um bom controlo de impulso e não irá correr atrás do jogo. Agora imaginem estranhas iguarias à margem do caminho. Podem ser isco envenenado e quer impedir o seu cão de os comer. Por isso, chame-o de volta e, uma vez mais, ele deve ouvir imediatamente e parar no seu impulso alimentar. Há muitos mais exemplos que ilustram que um bom controlo de impulsos pode tornar-se muito importante.

No entanto, a capacidade de obter este controlo de impulso pode depender da idade do cão ou da sua raça. Do mesmo modo, o tipo de corpo e o stress desempenham um grande papel, porque este controlo das próprias acções e emoções é muito cansativo para o seu amigo de quatro patas. Lembre-se também que cada cão é diferente. Um pode ser muito paciente e obediente, o outro pode ter grande dificuldade em controlar as suas emoções. Treinos como este não podem ser repetidos uma e outra vez. Deve portanto concentrar-se em controlar o comportamento impulsivo do seu cão em situações difíceis.

Basta tentar a seguinte situação e ver como o seu cão reage: Como é que ele se comporta quando prepara a sua comida? Ele está excitado e mal pode esperar até que finalmente lhe ponha a tigela à frente do nariz? Ele corre sempre de forma cruzada à frente das suas pernas para que mal possa chegar ao seu local de alimentação sem tropeçar no seu cão? Ou pode sentar-se calmamente em frente à tigela de comida cheia e esperar até que lhe "solte" a comida? Este exercício pode contribuir para um bom controlo de impulsos e pode, de facto, ser repetido todos os dias. Mas não se esqueça que mesmo este "pequeno" exercício significa um grande esforço para a sua querida, e elogie-o profusamente quando o domina com distinção.

Experimente também este exercício uma vez, pode ser experimentado com cada cão e constitui uma boa base para o treino posterior: Pegue numa guloseima em ambas as mãos e deixe o seu cão "sentar-se" à sua frente. Agora estenda-lhe as duas mãos. O seu cão irá certamente olhar para as suas mãos com as guloseimas. Contudo, o objectivo deve ser que ele olhe para os seus olhos e não para as guloseimas. Quando ele eventualmente olhar para si, recompense-o com as guloseimas. É claro que o seu amigo de quatro patas pode tentar todos os tipos de truques antes de obter os presentes. Isto pode ser ladrar ou saltar para cima. Ele tentará encontrar uma solução por si próprio. Está bem, desde que só o recompense quando ele o olhar nos seus olhos. No entanto, se o seu cão mostrar um comportamento que não tolerará absolutamente, traga-o de volta à sua posição inicial. Mas por favor não castigue o seu amigo de quatro patas, ele sentiria sempre algo de negativo sobre este exercício e depois teria muita dificuldade em aprender. Aqui o seu animal aprende que só consegue o sucesso através de si, ou seja, aos petiscos. A cooperação é muito importante aqui.

Agora pode começar outro exercício com o seu cão: Sentar e ficar apesar das distracções. O comando "Sentar" é um pré-requisito aqui e, claro, já deve ser dominado. Deixe o seu cão "sentar-se" e uma segunda pessoa deve agora tentar distraí-lo. Uma bola pode ser atirada ou podem ser dadas guloseimas. Também é possível passar com um amado amigo cão. Se o seu cão permanecer sentado e não for incomodado por isto, deverá recompensá-lo extensivamente. Se for o contrário, ambos precisam de praticar um pouco mais até serem bem sucedidos. O seu amigo de quatro patas aprende várias coisas ao mesmo tempo com este exercício. Antes de mais, ganhará bom auto-controlo, não se limitando a saltar e a apressar-se depois da bola ou das guloseimas. Em segundo lugar, contudo, aprenderá a obediência e também que é muito gratificante para ele cooperar com o seu cuidador e não o ignorar.

Contudo, como já foi mencionado, certos factores têm uma influência muito grande no controlo de impulsos. Constatou-se que cães grandes e poderosos são mais capazes de permanecer calmos e compostos em certas situações. Os animais mais pequenos com um corpo esguio, por outro lado, são mais impulsivos e mais facilmente distraídos.

Os cães jovens são igualmente muito mais impulsivos e não têm um bom controlo de impulsos. Quanto mais velho o animal fica, mais calmo ele se torna. Mas isto pode, na realidade, levar até três anos. Aqui pode fazer uma comparação com os humanos. Uma criança é igualmente incapaz de controlar as suas emoções e acções, enquanto que um ser humano adulto pode. Como regra, conhece os seus actos e acções e as suas consequências.

Como as diferentes raças que existem no mundo foram e são criadas para fins muito diferentes, este é outro factor que precisa de ser considerado. A natureza destas raças difere consideravelmente e por isso pode ser que uma espécie não apresente problemas com o controlo de impulsos, mas outra espécie já é muito impulsiva por natureza.

As situações de stress existentes já foram descritas num capítulo anterior. Se o seu animal de estimação sofrer de stress, não será capaz de lidar mesmo com o controlo de impulsos positivos. A primeira coisa a fazer é lidar com o problema do stress.

O controlo de impulsos é extremamente exigente para o seu cão. No entanto, em certas situações é importante que o seu animal ouça e se deixe chamar de volta. Não sobrecarregue o seu amigo de quatro patas com inúmeros exercícios para conseguir o controlo de impulsos. A concentração irá então diminuir rapidamente e o desejado auto-controlo do seu cão desaparecerá. Por conseguinte, é importante que primeiro se considere e determine onde se encontram os pontos fracos e depois se concentre neles na formação.

Então, como pode ajudar o seu cão a obter um melhor controlo de impulso? Primeiro, olhar para a rotina diária e a rotina na vida quotidiana. Há aqui muita inquietação? Então o seu amigo de quatro patas terá problemas de auto-controlo porque tem dificuldade em concentrar-se. Crie rotinas e hábitos fixos e pausas suficientes para que o seu cão possa por vezes ser apenas um cão. Os factores de stress também devem ser eliminados. O seu cão terá então um tempo mais fácil com o seu próprio controlo de impulso.

Se agora quiser começar a treinar com o seu cão, tenha em mente que cada situação é diferente e intransmissível. Por exemplo, se o seu animal pode sentar-se à frente da tigela cheia e esperar até lhe dar a ordem de comer, isto não significa que ele se sente com a mesma paciência à frente do gato do vizinho que está a abusar do seu canteiro de flores como uma caixa de ninhada. Cada situação deve, portanto, ser praticada separadamente. Comece com lições fáceis e aumente lentamente a dificuldade. Não se esqueça de recompensar o seu animal de estimação quando ele reagir como desejar. Isto aumentará a motivação e ele irá lembrar-se do que aprendeu. Em troca, porém, nunca deve punir o seu animal de estimação se o exercício não correr bem. Isto cria uma situação stressante para o seu amigo de quatro patas e só agrava a capacidade de controlo de impulsos. Seja paciente e continue a treinar consistentemente e em breve será bem sucedido.

ERROS COMPORTAMENTAIS AO LIDAR COM CÃES

Basicamente, deve ter a mentalidade de que os cães nunca querem ser maus ou maldosos quando mostram um comportamento indesejado pelo seu dono. Os cães precisam muito de harmonia e não têm qualquer interesse em provocar conflitos ou incomodar-nos. Portanto, não se zangue com o cão, mas faça algo que possa melhorar a situação: Pergunte a si mesmo que erros pode ter cometido na comunicação ou no trato com o cão. Já sabe que a linguagem dos cães é fundamentalmente diferente da nossa. Estas diferenças não se devem apenas ao facto de nós humanos comunicarmos principalmente verbalmente, ou seja, através de palavras faladas, e os cães expressarem o que querem comunicar em grande parte com a ajuda da sua linguagem corporal. Os sinais da linguagem corporal dos cães e dos seres humanos são por vezes também significativamente diferentes. O que é um gesto amigável para um humano pode ser um gesto ameaçador para um cão. Muitos donos de cães nem sequer sabem que também eles enviam sinais de linguagem corporal. Os cães, que comunicam em grande parte desta forma, prestam naturalmente muita atenção ao que expressamos com o nosso corpo e interpretam-no naturalmente à sua própria maneira. Portanto, cabe-lhe a si adaptar-se à linguagem do cão e certificar-se de que não envia sinais enganadores que confundem o cão.

Contacto visual frontal

Entre outras coisas, é um sinal de cortesia as pessoas procurarem contacto visual directo com a pessoa com quem estão a falar. Mostra também que estamos interessados na conversa. Os cães, por outro lado, interpretam este gesto de forma completamente diferente. Se um cão olha para outro cão, isto pode ser um gesto ameaçador. Além disso, o olhar fixo e a fixação fazem parte do comportamento de caça e precedem um ataque. Por conseguinte, um cão pode considerá-lo uma ameaça se olhar para ele com demasiada intensidade. No entanto, especialmente no treino, o contacto visual é bastante apropriado, porque desta forma pode certificar-se de que o seu cão está atento. Além disso, não evitar deliberadamente o olhar do cão, pois isto pode ser um sinal de submissão. Por isso, é perfeitamente bom olhar o seu cão nos olhos de vez em quando, mas o contexto é importante. Deve-se evitar olhar para cães estranhos quando se aproximam de si num passeio, por exemplo, para não provocar agressão.

Abordar directamente o cão

Tal como fazer contacto visual directo e olhar fixamente, caminhar directamente para um cão, especialmente um cão estranho, pode ser interpretado como um gesto ameaçador por parte do cão. Isto porque os cães se esgueirariam desta forma para cima das suas presas ou mesmo começariam uma luta entre rivais. Assim, o que nos parece perfeitamente lógico enquanto humanos, nomeadamente abordar alguém com quem queremos interagir sem quaisquer desvios, pode deparar-se com tudo de errado com um cão. Se não for possível avaliar a situação e houver espaço suficiente, é sempre aconselhável abordar os cães num arco em vez de pela via directa. Isto pode parecer-lhe um pouco estranho, porque quem gosta de fazer uma manobra de diversão? Mas é um truque muito útil para comunicar com os cães para sinalizar que se vêm com boas intenções.

Fugir do cão

Pode parecer óbvio fugir de um cão que parece ameaçador. O instinto de fugir está profundamente enraizado em nós e, claro, muito útil em muitas situações. No entanto, ao encontrar um cão potencialmente agressivo, não é necessariamente uma boa decisão fugir. No pior dos casos, activa-se o instinto de caça do cão com este comportamento. Isto pode levá-lo a ver uma presa dentro de si e a começar a persegui-lo. Mesmo com cães não agressivos, a fuga pode provocar reacções indesejadas. Pode ser mal interpretado como uma chamada para jogar. Neste caso, também, o cão pode persegui-lo. Por conseguinte, não é de modo algum aconselhável voar se tiver medo de um cão. Em vez disso, mantenha-se calmo, tente respirar fundo e irradiar auto-confiança.

Intimidação por agressão

Algumas pessoas pensam que é importante mostrar ao cão que você como dono é o "animal alfa", mesmo com violência, se necessário. O argumento é frequentemente o de que os cães também demonstram um comportamento agressivo uns para com os outros. O que as pessoas que argumentam desta forma esquecem, contudo, é que a agressão provoca resistência, tanto entre os cães como entre os humanos. Tentar forçar o cão a tomar o seu lugar pode levar a que o cão resista ao ataque. Isto também aconteceria entre os cães. A outra reacção possível seria que o cão é intimidado e assustado. Ambos prejudicam enormemente a relação entre si e o seu cão e não têm qualquer efeito de aprendizagem positivo. Em qualquer caso, abstenha-se de ser agressivo para com o seu cão.

Inclinando-se sobre o cão

Pode parecer apenas natural que se incline sobre um cão para o acariciar e fazer contacto com ele. Afinal, nós humanos estamos muito mais acima do que os nossos amigos de quatro patas porque caminhamos de pé, e você quer aproximar-se do cão. Infelizmente, isto não se passa bem com muitos cães. Coloque-se no lugar do cão. Alguém muito maior inclina-se subitamente sobre ele e talvez até queira tocá-lo. Isso pode parecer muito ameaçador. Não assustar cães estranhos desta forma. Em vez disso, dê ao cão a sensação de estar a controlar a situação. A melhor coisa a fazer é agachar-se. Primeiro deixa-o cheirar a sua mão e depois acaricia-o na parte da frente do seu peito. Desta forma, o cão tem uma boa visão da mão estrangeira e sente-se muito mais confortável com o encontro.

Levantem as mãos

Algumas pessoas levantam as mãos entusiasticamente quando estão felizes por conhecer um cão. Aos olhos do cão, isto aumenta o seu tamanho corporal, um comportamento que os cães exibem especialmente quando querem intimidar ou ameaçar alguém. Ao levantar o pêlo do pescoço, um cão aparece imediatamente muito maior e mais ameaçador para outro cão. Por isso, abstenha-se de levantar as mãos quando conhecer um cão.

INTERPRETAÇÕES ERRADAS COMUNS NA LINGUAGEM CANINA

Depois de ter lidado com que comportamentos da sua parte poderiam ser mal compreendidos pelo cão, é agora uma questão de saber quais os sinais enviados pelo cão que poderá interpretar mal. Afinal, uma comunicação bem sucedida é a base para uma relação boa e compreensiva e uma coexistência pacífica. Há tantas coisas que o seu cão só lhe pode dizer com a ajuda da sua linguagem corporal. Abaixo encontrará algumas citações típicas de donos de cães cujas declarações podem nem sempre ser verdadeiras.

"Um cão que abana a sua cauda está sempre feliz".

Estritamente falando, abanar a cauda em cães não é uma expressão de alegria, mas um sinal de que o cão está excitado. Na maioria dos casos, esta excitação pode ser desencadeada por uma alegria particularmente forte, mas também pode haver excepções. A excitação pode também ter sido desencadeada pelo medo ou pela insegurança. Por isso, vigiem também outros sinais e não se limitem a concluir que o cão está feliz com base na cauda abanada. Um cão feliz tem um aspecto aberto e não mostra quaisquer sinais de medo, tais como pêlo levantado no pescoço ou orelhas achatadas.

"Quando um cão rosna, é agressivo".

Algumas pessoas ficam assustadas quando o cão começa a rosnar enquanto brincam juntos. Mas é perfeitamente normal que os cães rosnem durante a brincadeira. Especialmente em jogos de cabo de guerra, isto apenas indica que o cão está intensamente envolvido no jogo. O rosnar sozinho não é uma expressão de agressão. Deve ser emparelhado com outros sinais, tais como uma postura tensa, um olhar fixo e pêlo do pescoço desgrenhado.

"O meu cão ignora-me para me provocar".

Especialmente no início do treino, observará que o seu cão ouvirá muito mais atentamente as suas ordens se treinar num ambiente familiar do que se iniciar uma sessão de treino num novo ambiente. Neste livro, já aprendeu que a receptividade dos cães depende de muitos factores. Um ambiente calmo e familiar, por exemplo, aumenta grandemente a capacidade de aprendizagem do cão. Se notar que o seu cão não reage à sua abordagem num ambiente desconhecido, não é porque o queira incomodar. As muitas novas impressões sobrecarregam-no simplesmente e ele não pode aceitar mais estímulos. Não reajam com raiva, mas tenham compreensão para esta sobrecarga. Dar tempo ao cão para se habituar a novas situações e praticar isto de uma forma orientada. Passo a passo, pode então realizar sessões de formação em ambientes com factores de distracção crescentes.

"O meu cão fica realmente envergonhado quando eu o repreendo!"

Este pressuposto é um mal-entendido bastante inofensivo. No entanto, há uma necessidade urgente de esclarecimento. Talvez já tenha observado o seguinte comportamento num cão. Muitas vezes os cães tornam-se pequenos quando são repreendidos por fazerem algo que lhes é de facto proibido. Por exemplo, se o cão tiver mastigado um sapato e for confrontado, pode deitar-se de costas e olhar para si com um olhar de cãozinho inocente. Isto pode parecer como se o cão quisesse pedir desculpa e mostrar que admite o seu erro e que tem vergonha disso. Na verdade, no entanto, isto é um sinal de submissão. O cão apercebe-se de que está zangado e repreende-o. Ao mostrar este comportamento, está a sinalizar a sua necessidade de desarmar a situação e a indicar a sua compreensão de que não quer entrar em conflito consigo. Os cães não têm uma consciência culpada, como os humanos fazem muitas vezes depois de terem feito algo que na realidade sabem que não devem fazer.

Esteja ciente de que um efeito de aprendizagem só pode ser alcançado se o cão for apanhado em flagrante, e depois tome consciência de que se está a envolver num comportamento indesejado. Se descobrir o sapato mastigado horas depois e depois repreender o cão, ele não será capaz de fazer uma ligação entre a mastigação do sapato e a repressão. Em vez disso, ele é inseguro porque se comporta de forma agressiva para com ele e, portanto, quer acalmá-lo.

"Snarling é um sinal de agressão".

Pense em si mesmo por um momento. Em que situação mostra os seus dentes com mais frequência? Provavelmente quando se está particularmente feliz e a rir. Pode-se observar algo muito semelhante com cães. Um cão muito feliz por vezes puxa os seus lábios para cima, mostrando os seus dentes. Um dono de cão experiente pode facilmente distinguir entre um rosnar agressivo e um feliz puxar das moscas. Um cão agressivo que mostra os seus dentes vai irritar o seu pêlo, entrar numa postura ameaçadora e tensa e a pele do seu nariz vai encaracolar visivelmente. Um cão feliz tem uma postura relaxada e um olhar aberto.

Palavras de encerramento

Receberam uma visão detalhada de uma variedade de tópicos que os donos de cães devem estar cientes neste livro. Se está a pensar em arranjar um cão, este livro pode ajudá-lo a tomar consciência de muitos tópicos relevantes. Começou por adquirir um sólido conhecimento geral. Sabe agora, ao contrário de muitos outros donos de cães, qual é a diferença entre criação e treino e aquilo a que se deve prestar especial atenção na criação de diferentes raças. Uma boa relação é sempre um pré-requisito fundamental para viver em conjunto. Agora também sabe como construir uma relação com o seu cão.

Cada cão aprende de forma diferente e cada pessoa comunica as suas expectativas ao cão de uma forma diferente. Para lhe permitir escolher um método de aprendizagem que lhe convenha a si e ao seu cão, poderá ler sobre os princípios básicos de diferentes métodos de ensino. Um cão não só precisa de uma relação amorosa e de um bom treino, mas também de todo o tipo de acessórios. Com todas as escolhas disponíveis no mercado, muitos donos de cães têm de decidir que coisas precisam realmente e o que é melhor para o seu cão. Devido a isto, foi capaz de aprender sobre os prós e os contras de diferentes ferramentas e pode tomar as decisões que são certas para si com base neste conhecimento. Se decidir adquirir um cachorro, está agora ciente das necessidades e requisitos especiais que um cachorro tem e pode satisfazê-los. Mesmo um cachorro tem de aprender muito e adaptar-se a outros cachorros. Muitas vezes não é tão fácil encontrar um ponto de partida e decidir quais são as lições mais importantes. Pode concentrar-se totalmente na formação das primeiras lições e comandos, porque já conhece os pontos de partida mais importantes após a leitura deste livro.

Os problemas podem surgir em qualquer comunidade. Saberá como prevenir problemas típicos no comportamento canino e o que fazer quando já é demasiado tarde e é necessário agir.

Como vê, está agora bem informado sobre viver com cães e esperançosamente pode agora decidir se quer levar um cão para a sua vida e como quer proceder em pormenor.

SOBRE ESTA SÉRIE:
O MEU CÃO PARA A VIDA

Este é o vigésimo volume de uma série de guias compactos e verdadeiros sobre treino de cães. As raças e os temas individuais dos cães são apresentados por autores que têm muitos anos de experiência e amor por cães. Desejamos-lhe muitos anos felizes e descontraídos com o seu amigo de quatro patas!

Ficaríamos satisfeitos com uma avaliação positiva!

Fontes

Sporrer, Conny (2020): Halsband oder Brustgeschirr? (Vantagens e desvantagens num relance). Em: www.martinruetter.com. URL: https://www.martinruetter.com/wien/news/details/artikel/halsband-oder-brustgeschirr/ [último acesso 20.10.2021].

Sporrer, Conny (2019): Então klappt's mit der Leinenführigkeit!... (A preparação correcta e as primeiras etapas de formação!). Em: www.martinruetter.com. URL: https://www.martinruetter.com/wien/news/details/artikel/so-klappts-mit-der-leinenfuehrigkeit/ [último acesso 20.10.2021].

Bartz, Sascha (oJ): A diferença entre a educação e a formação. (A coisa com o martelo e o prego). Em: www.hundetrainer-bartz.de. URL: https://www.hundetrainer-bartz.de/52-der-unterschied-zwischen-erziehung-und-ausbildung [último acesso 20.10.2021].

Schürer, Julia (2020): Hofhund, Jagdhund, Hütehund - welcher Vierbeiner passt mir? (Os cães são verdadeiros animais de trabalho. Mas nem todos os cães são iguais - cada raça tem as suas vantagens e desvantagens. Descubra se um cão de quinta, cão de pastoreio ou cão de caça lhe fica melhor a si e ao seu negócio). Em: www.agrarheute.com. URL: https://www.agrarheute.com/land-leben/hofhund-jagdhund-huetehund-welcher-vierbeiner-passt-mir-513314 [último acesso 20.10.2021].

Anja (2019): Cães de trabalho - o artigo de revisão. Em: www.haustiermagazin.com. URL: https://www.haustiermagazin.com/uebersicht-arbeitshunde-unentbehrliche-helfer/ [último acesso 20.10.2021].

Blum, Ingrid (2019): Agressão de trela. (De onde vem e o que se pode fazer a respeito). Em: www.meiko.ch. URL: https://www.meiko.ch/blog/post/hunde/leinenaggression [último acesso 20.10.2021].

Rütter, Martin (2017): Formação para comportamentos de caça indesejáveis. Em: www.martinruetter.com. URL:

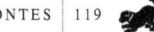

https://www.martinruetter.com/kiel/news/details/artikel/training-bei-unerwuenschtem-jagdverhalten-1/ [último acesso 20.10.2021].

Boecker, Anja (2021): Quebrar o hábito de inveja alimentar nos cães. (8 passos para mudar). Em: www.hundeo.com. URL: https://www.hundeo.com/erziehung/futterneid-abgewoehnen/ [último acesso 20.10.2021].

Lange, Alexandra (2019): 9 dicas importantes para uma boa relação homem/cão. Em: 4pfoten-on-tour.de. URL: https://4pfoten-on-tour.de/tipps-mensch-hund-beziehung/ [último acesso 20.10.2021].

Reinarz, Julia (2020): O jogo & brinquedo certo para o seu cão. Em: www.barf-alarm.de. URL: https://www.barf-alarm.de/blog/das-richtige-spiel-spielzeug-fur-deinen-hund/ [último acesso 20.10.2021].

Sonderegger, Simon (oJ): Lerntheorie. (Como é que um cão aprende). Em: /www.hundeherz.c. URL: https://www.hundeherz.ch/fachbeitrag/lerntheorie-wie-lernt-ein-hund-teil-1 [último acesso 20.10.2021]

Kolo, Cornelia (oJ): Desenvolvimento de cachorros. (Desde o nascimento até ao cão adulto). Em: www.zooplus.de. URL: https://www.zooplus.de/magazin/hund/welpen/entwicklung-von-welpen#1607616915711-41806489-b888 [letzter Aufruf 20.10. 2021]

Mönch, Rebecca (2019): Sobre o sentido e o absurdo da roupa de cão. (Olha - ela vestiu o seu cão!). Em: www.hundeerziehung-online.com/. URL: https://www.hundeerziehung-online.com/ueber-sinn-und-unsinn-von-hundebekleidung/ [último acesso 20.10. 2021].

Becker, Ralf (2009): Que treino existe para os cães? Em: www.hundeurlaub.de. URL: https://www.hundeurlaub.de/blog/2009/10/08/welche-ausbildungen-fuer-hunde-gibt-es/ [último acesso 20.10. 2021].

Impressão:

A obra, incluindo todo o seu conteúdo, está protegida por direitos de autor. A reimpressão ou reprodução, total ou parcial, bem como o armazenamento, processamento, duplicação e distribuição utilizando sistemas electrónicos, no todo ou em parte, é proibida sem a autorização escrita do autor. Todos os direitos de tradução reservados. O conteúdo deste livro foi pesquisado com base em fontes reconhecidas e verificado com grande cuidado. No entanto, o autor não assume qualquer responsabilidade pela actualidade, exactidão e exaustividade das informações fornecidas. As reclamações de responsabilidade contra o autor, que se referem a danos de natureza sanitária, material ou idealista, que foram causados pela utilização ou desuso da informação apresentada e/ou pelo uso de informação incorrecta e incompleta, são em princípio impossíveis, se por parte do autor não houver culpa, como pode ser provado, deliberada ou grosseiramente negligente. Este livro não é um substituto para o aconselhamento e cuidados médicos e profissionais. Este livro refere-se a conteúdos de terceiros. O autor declara expressamente que no momento da criação das ligações, nenhum conteúdo ilegal era discernível nas páginas ligadas. O autor não tem qualquer influência sobre os conteúdos ligados. Por conseguinte, o autor dissocia-se expressamente de todos os conteúdos de todas as páginas ligadas que foram alteradas após a ligação ter sido estabelecida. Por conteúdos ilegais, incorrectos ou incompletos e especialmente por danos resultantes da utilização ou não utilização de tais informações, apenas o fornecedor da página ligada é responsável, e não o autor deste livro. Todos os direitos reservados. Por favor contacte um veterinário para aconselhamento profissional e detalhado!

M. Mittelstädt, Sherif Khimshiashvili Street N 47 A, Batumi 6010, Georgia

All Rights Reserved.

© copyright 2022 Luis Silva

Lightning Source UK Ltd.
Milton Keynes UK
UKHW020632010922
408166UK00010B/940